日本語と英語の対比から読み解く英文法

なぜ、英語では「虹は出ない」のか？

I saw a rainbow in the sky.

アメリカ・カナダ大学連合
日本研究センター元教授
松本隆　著

アルク

CONTENTS

CONTENTS

CONTENTS

序章

英語を身に付けるには
日本語の「理解」が不可欠です

　小さなつまずきが原因で、英語嫌いになる人は少なくありません。また英語嫌いと言わないまでも、英語に苦手意識あるいはコンプレックスを持っている人も多いのではないでしょうか。でも「嫌い」と「好き」は、微妙な表裏一体の関係にあります。つまずきを乗り越えると、それまでの「苦痛」が「快感」に変わります。分からなかったことが分かる、できなかったことができるようになる、それ自体に人は達成感を覚えます。要は、学び方の秘訣＝コツひとつです。

　この本は英語をもういちど基礎からしっかりと学び直したい人のための再入門書です。といっても、基礎文法のすべてを網羅的に取り上げるわけではありません。英語を学んでいく中でつまずきやすい急所・要所、言ってみれば英語のツボを、日本語と比べながら集中的に押さえていきます。そして、日本人がおちいりがちな、英語の落とし穴にはまらないコツを学んでいきます。

　実は英語をしっかり理解するためには、その出発点となる日本語を正しく理解することが欠かせません。日本語を客観的に見直すことで、英語がより鮮明に見えてきます。

▶ 日本語と英語の違いを知ることで英語のツボが見えてくる！

　ここで簡単に自己紹介をさせてください。

　私は長らく、外国人への日本語教育にかかわってきました。

「なぜ日本語の専門家が英語学習の本を？」と疑問に思う方も多

いでしょう。

しかしそのことにこそ本書が誕生した深い理由があるのです。

私が米国を中心とする英語圏の若者達に日本語を教える中で、日々認識を新たにしたのは、日英両言語の持つ奥深さでした。

また、学生達から投げかけられる素朴な疑問が、日本語への理解を深めるきっかけとなりました。英語話者の学生達が日本語を学ぶ際に、理解するのに苦労し、つまずきやすい急所・要所があります。それは英語とは異なる日本語の文法であり、さらには英語とは異なる日本語の発想や視点でした。

例えば「は」と「が」の使い分けは、英語圏だけでなくほとんどの日本語学習者にとって、大きなつまずきの石となります。ふだん私達は「ここが非常口です」と「ここは非常口です」のような「は」と「が」の違いを意識せず、巧みに使い分けています。しかし、その使い分けを説明するとなると、なかなか難しいものがあります。ネイティブが説明しにくい文法項目は、外国人にとっても学ぶのが難しいことがよくあります。このほか、モノを授ける人と受け取る人との関係によって、使われる動詞が変わる「やり・もらい」表現、英語の文では必須の存在である「主語」が日本語ではなくても文が成立してしまい文意がとりにくいこと、名詞の単数複数の区別があいまいで英訳のしようがないことも彼らを悩ませる点でした。

こうしたつまずきやすい急所は、実は日本語という言語の本質的な部分でした。結局、彼らはこうした「日本語のツボ」を理解することでより高い日本語能力を身に付けていったのです。

同じことが日本人の英語学習者にもいえます。

「英語のツボ」となる、日本語と英語との大きな違いを認識し、理解することで、英語を身に付けていくことができるはずです。

序章

かつて学校で英語を学んだときに釈然としなかったことはありませんでしたか？ 例えば関係代名詞の語順、現在完了という日本語にはない時制などが納得できず、あるいは強い違和感を覚え、しだいに英語が苦手になったという話もよく聞きます。

しかしこうした日本語と異なる英語の表現こそが英語のツボなのです。

本書ではこうした英語の「ツボ」を日本語と比較しながら学んでいきます。

どうして英語ではこういう表現をするのか？ どういう発想なのか？

英語ではどのように物事を見ているのか？ いっぽう日本語はどのように物事を見ているのか？

このように日本語とは異なる英語表現のアプローチを学んでいくと、次第に違和感のあった英語表現が腑に落ちて、理解できるようになっていきます。詳しくは本書の各課に譲りますが、日本語表現と対比することで、英語の関係代名詞は日本語とは異なったカメラワークを用いた表現であること、日本語にはない現在完了は日本語とは異なる英語の時間の切り取り方による表現であることなどが具体的に見えてきます。

英語を理解するためには、その比較対象である日本語を正しく理解することが欠かせません。日本語を客観的に見直すことで、英語のありようがより鮮明に見えてきます。

ふだん何気なく口にしている日本語のからくりに注意が向くと、英語のしくみも深く理解できるようになるのです。

英語を学ぶコツは日本語にある、これが私の信念です。

日本人だから日本語は知っていて当然、と考えるのは禁物です。母国語に鈍感な人ほど、外国語学習につまずきやすいものです。日本語を改めて学び、日本語の感覚を磨くことによって英語への理解も深まるのです。

本書で英語を学んでいくことで、日本語への理解も深まっていくかもしれません。ふだん何げなく使っていた日本語表現はこういう発想によるものだったのか、このように物事を見ていたのかといった新鮮な発見もあるはずです。

日本語を通して英語の面白さを発見し、英語との対比から日本語の面白さを再発見してください。

▷ 中学の英語教科書で英語を基礎から学び直す

本書の目的は日本語との違いから英語の「ツボ」を知り、英語を学び直すことにあります。

どうせなら、しっかりと中学英語から学び直しましょう。

本書に登場する英文のほとんどは中学の英語の教科書に掲載されている用例です（文部科学省検定教科書、平成28年度から令和2年度まで使用）。

中学の教科書の英文を素材に学び直すのは、中学が英語の土台を固める最も大切な段階だからであり、検定教科書は、その土台を作るために、多くの専門家が英知を結集してまとめあげた入門書だからです。そして今どきの教科書は本当によく出来ています。

英語のつまずきは本人が自覚する以上に早い段階で生じていることが少なくありません。基礎となる中学英語の理解が曖昧なままでは先には進めません。本書で英語の土台をしっかり学び直してください。

序章

各章の構成は以下のとおりです。

第 1 章 「英文の組み立て方」 主語の立て方など日本語と英語の文構成の根本的な違いに注目します。

第 2 章 「万能動詞 have を使いこなせ」 英語らしさが凝縮されている have の表現を集中的に学びます。

第 3 章 「時間のとらえ方の違いを知る」 言語によって切り取り方の異なる「時間」をめぐる表現がテーマです。

第 4 章 「英語と日本語のものの見え方」 同じ出来事に対して日本語と英語の見え方の違いを比較します。

第 5 章 「英語で心の思いを表現する」 話し手の心の機微が映し出す英語の助動詞表現を学びます。

第 6 章 「英語の名詞と冠詞の関係」 英語の名詞の感覚、そして日本語にはない冠詞について掘り下げます。

各章は 2〜4 の節に分かれ各節は数課からなります。随所に「おさらい英文法」「語法＋アルファ」といった文法、語法、語彙などに関する解説をさしはさんでいます。英語の知識をかなり忘れてしまったという方でも大丈夫です。また学んだ内容をおさらいしつつ興味ぶかい話題について掘り下げる「さらにひとこと！」も用意しました。

まずは本書で、日本語を見つめ直す目と、英語のツボ（勘どころ）を押さえるコツ（感覚）を養ってください。

▷ 出典の表記について

教科書からの英文は、基本的にそのままの形で引用するよう心がけました。しかし、文脈から1文（もしくは数文）だけを抜き出すと、意味が分かりにくくなるような場合は、必要最小限の語句を補うなどの加工を施しました。逆に長文の一部を削除した場合もあります。

各例文の最後に出典を以下のように示しています。

例1.〈サ 1-023〉　例2.〈コ 2-045'〉

カッコ〈　〉内左端のカタカナは教科書名の略号です（下記「利用教科書一覧」参照）。カタカナの直後の数字「1〜3」は学年を示します。そしてハイフン「-」の後ろの3桁の数字は、その例文が載っているページを表します。

例1〈サ 1-023〉は、『サンシャイン』第1学年23ページからの引用。

例2〈コ 2-045'〉は、『コロンブス21』第2学年45ページからの引用で、原文に一部手を加えたことを、最後のダッシュ「'」で示しています。

各教科書に完全準拠した参考書いわゆる「教科書ガイド」からも例文をいくつか引用しました。その際は教科書「ガイド」の用例である旨を〈　〉内に記しました。

また独自に創作した例文も用いました。特に断り書きのない英文も独自の創作例です。いずれの例文もネイティブのチェックをへています。

▽利用教科書一覧▽

〈ク〉 New Crown: English Series New Edition（ニュークラウン）三省堂
〈コ〉 Columbus 21: English Course（コロンブス 21）光村図書出版
〈サ〉 Sunshine English Course（サンシャイン イングリッシュコース）開隆堂出版
〈ト〉 Total English（トータル イングリッシュ）学校図書

序章

〈ホ〉New Horizon: English Course（ニューホライズン）東京書籍
〈ワ〉One World: English Course（ワンワールド）教育出版
↑カッコ〈 〉内のカタカナは教科書の略号

▶ 検定教科書の入手方法

小・中・高の検定教科書は一般書店の本棚には並んでいません。最寄りの教科書販売店か、インターネットで購入することになります。文部科学省のウェブサイト内「教科書」欄〈http://www.mext.go.jp/a_menu/shotou/kyoukasho/1355983.htm〉で、検定教科書の一覧を見ることができます。市販価格も同サイトで調べられます。あまりの安さに、きっと驚くことでしょう。そして実物を手にすると、目の覚めるような美しさに二度びっくりすると思います。

この本で中学英語を学び直すコツをつかみ、英語感覚のツボを押さえた後は、検定教科書を教材として、ぜひとも揺るぎない実力を身に付けてください。

第1章

英文の組み立て方

日本語と大きく異なる英語の語順を習得しよう

数ある外国語の中でも、英語は日本人にとって学びにくい外国語のひとつです。英語と日本語は、文字はもちろん、発音のしかたも違いますし、文法的にはとにかく語順が大きく異なります。

もしも語順がほぼ同じでしたら（例えば日本語と韓国語のように）、覚えた単語を日本語の発想で並べていけば、だいたい意味が通じる文に組み立てられます。しかし日本語と英語は、語順が大きく異なるので、そういうわけにはいきません。

語順が異なるだけではなく、英語は主語がないと文を組み立てられないのに対して、日本語は主語に当たる語がなくても文が成り立ちます。むしろ主語に当たる語がない文が多いのが日本語の特徴です。

第１章では、こうした主語に関する問題のほか、英語らしい語順や否定のしかた、また日本語にない名詞の修飾のしかたなどを取り上げます。

第1節 英語はまず主語を探せ

英文を組み立てるうえで、主語は欠かせない要素です。英文づくりは主語探しから、と言っても大げさではありません。

日本語では、英語の主語に当たるものが、文面に表れないことがよくあります。また日本語で主語のように見える語が、英語でいう主語とズレていることも珍しくありません。そもそも日本語では主語という概念が希薄です。

そんな日本語に慣れている私達が、英文を組み立てるにはまず、適切な主語を見つけなくてはなりません。ここでは主語探しの練習をしていきましょう。

Lesson 1 主語がないと始まらない英語 主語があるとうるさい日本語

✦家族の写真です
（家族みんなで撮った写真を１枚見せ、父親を指しながら）

英 This is a picture of my family. This is my father. He is good at cooking. His pizza is great! 〈ワ 1-050〉

日 家族の写真です。これが父です。
料理が得意です。父のピザは最高です！

中学１年の教科書に載っている英文と、それを日本語らしく表現した和訳文です。英語と日本語の大きな違いは主語の有無です。

例文の自然な和訳文に言葉を補足し、あえて直訳調にすると次のようになります。

①これは、私の家族の写真です。②これが私の父です。③彼は料理が得意です。④彼のピザはすばらしいです！

色文字の部分が付け足したり、言い換えたりした箇所です。日本語と英語の表現を比べると、英語は主語がないと文が始められないのに対して、日本語は主語がなくても文が成立します。話者が写真を手にしているのであれば、①のようにわざわざ「これは」と言う必要はありません。もちろん言っても構いません。

①の「これは」が任意の要素なのに対し、英語の主語 This (is) は必須の要素です。これが日本語と英語の第 1 の相違点です。

ですから、日本語から英語を発想するときには、主語は何かをまず見定める必要があるのです。③の自然な日本語「料理が得意です」の場合、誤って「料理（が）」を主語ととらえて、cooking を主語にした英文を考えようとすると大変です。ここで「（私の）父」という主語が隠れていることに気が付けば「私の父（＝彼）は料理が得意／上手です」という英文を組み立てることができます。

☑ ヒトが文面に出しゃばってくる英語

例文で次に目立つ違いは、英文には my/he/his といったヒトを指す語がやたら散りばめられている点です。英語は主語がないと文が始まらず、かつ主語に立ちやすいのはヒトです。ですから英語の文章では、ヒトを指す語（いわゆる人称代名詞）が必然的に、日本語よりも数多く出てくることになります。

また日本語で「父」と言えば、自分の父親を指すのが常識です。誰かの父親と区別する必要がない限り、ことさら「私の父」とは言いません。相手に向かって「あなたの父× は元気ですか」とも言えません。「お父さまはお元気ですか？」となるでしょう。いわば「父」と「お父さん／お父さま」の中に「私の（＝自分の）」と「あなたの（＝他者の）」が隠れているのです。

いっぽう英語の father は my father でもあり your father でもあります。また英語では father のような数えられる名詞の場合、複数の fathers でない限り、a father とか the father のように、名詞の前に何か付ける必要があります。a も the も付かない father が、裸のまま英文に現れることは許されません（第6章「英語の名詞と冠詞の関係」Lesson 55 参照）。

このような事情もあって英語では例文のように my family や my father となるのですが、これは日本語の感覚からすると我の強い「オレのオレの」的な表現に見えます。

③④のように自分の父親をつかまえて「彼」呼ばわりするのも英語らしい特徴です。He is good at cooking. や His pizza is great! の「彼」を日本語では冒頭の和訳文のように「料理が得意です。父のピザは最高です！」と言います。

つまり何も言わないか、「父」を繰り返すのです。「料理が得意です」の初めに「父（は…）」があってもいいのですが、前後の脈絡から「父」が話題であることは明らかです。またこの文に「父」を顕在化させると、「父」が続いて登場し、うるさく響いてしまいます。日本語では「父」などの人物が文面に出しゃばらないよう、むしろ隠す方向にもっていきます。ヒトを指す語を散りばめる英語とは逆の志向性が感じられます。

おさらい英文法

英文の骨格となる 5 文型
第 1 文型：主語＋動詞
第 2 文型：主語＋動詞＋補語
第 3 文型：主語＋動詞＋目的語
第 4 文型：主語＋動詞＋目的語 1 ＋目的語 2
第 5 文型：主語＋動詞＋目的語＋補語
複雑な構造の文も骨格は 5 タイプの文型だ。なお、どの文型も主語が必ずあることに注目しよう。

まとめ

主語がないと始まらないのが英語、主語があるとうるさいのが日本語である。日本語では「父です／料理が得意です」のように自明の「これは～／父は～」は通常わざわざ言わない。いっぽう英文では、This is ... / He is ... のように、必ず主語を立てる。日本語から英文を発想するときは、まず隠れている主語を探すことから始めよう。

Lesson 2 自己紹介で「私は」を連呼する英語 「無我」な境地の日本語

✦私はケイト・ウッドです

英 
Hello, everyone. I'm Kate Wood. I come from Canada. I speak English and French. 〈サ 2-086〉

日 みなさん、こんにちは。ケイト・ウッドです。カナダから来ました。英語とフランス語を話します。

英文には「主語」が必要です。いっぽう日本語の文は主語がなくても成り立ちます。この英語と日本語の大きな違いが例文の「自己紹介」でははっきり出てきます。

例文は英語の指導助手の先生が教室で自己紹介をする場面ですが、主語に注目して、英語と日本語を見比べてみましょう。

自己紹介なのに、この日本語では「私」を一度も言っていません。もし「私は」を補うとすれば、最後の文に入れると、文章全体に変化が生まれていいかもしれません。これに対して英語では、第1文の挨拶表現を除いて、すべての文に主語としてIが必要です。

日本語を習い始めたばかりの外国人の中には、「みなさん、こんにちは。私はケイト・ウッドです。私はカナダから来ました。私は英語とフランス語を話します」というように、「私は」を前面に押し出す人がよくいます。

英語（や母国語）のクセなのでしょうが、「私」がうるさくて、日本語としては「我」が強すぎます。本来の日本語はもっと「無我」なのですよ、と言ってあげたくなります。

実際の自己紹介では、例文よりももう少し簡潔に、第2文と第3文を一緒にして "I'm Kate Wood, from Canada." と一気に言ってしまうかもしれません。

氏名は "My name is Kate Wood." という名乗り方もできます。ただ、"I'm Kate Wood." にせよ、"My name is Kate Wood." にせよ、I（私は）や my（私の）を前面に押し出さざるを得ないのが英語です。「無我」の日本語とは、やはり対照的です。

✦ティナです

Ⓐ **Hi. My name is Kang Ming-Ho. I'm from Korea.**

Ⓑ **Hi. I'm Tina. I'm from the States.** 〈コ1-030〉

Ⓐ ハイ！　私の名前はカン・ミンホです。韓国から来ました。
Ⓑ ハイ！　ティナです。アメリカ合衆国から来ました。

> 自己紹介で出身地を言うときは I'm from ...（～から来ました）のほか、I come from ...（～出身です）という表現もよく使う。

韓国から来た姜敏浩（カンミンホ）くんとアメリカ合衆国から来たティナさんの自己紹介です。

日本語の「～です」は「A は B です」という英語の be 動詞表現と似てますが、しかし、英文では I'm Tina. と、主語が必要なのに対して、日本語では「ティナです。」と「私は」がなくても文として成り立つという大きな違いがあります。

「ティナです。」のつもりで、英語で Tina is.× と言うことはできません。もし Tina is.× と言ったきり黙っていると、相手は続きがあるものと思って、Tina is ..., what?（ティナがなぁに？／ティナがどうかしたの？）と、その先を促してくるでしょう。

まとめ

主語が必要な英語では、自己紹介では I が何度も登場。いっぽう日本語では「私は」をできるだけ隠して話すのが自然な表現となる。日本語の「～です」は英語の be 動詞表現と似ているが、主語を必ずしも必要としないのが大きな違い。「ティナです。」とは言えるが Tina is. ×とは言えないことに注意しよう。

Lesson 3 「私はオレンジジュース！」と言うときの主語は何か？

✦私はおなかが空いた状態である

英 I'm hungry. 〈サ 2-044〉

日 おなかが空きました。

私達日本人は主語という存在を普段あまり意識しません。その私達が英語で表現するときには、日ごろ慣れ親しんでいる日本語に隠れている主語を探す作業が必要になります。

このとき何となく日本語の「名詞＋が」や「名詞＋は」という言葉を主語だと思いがちです。

海外旅行の機内サービスで何を飲むか問われて、つい ×I'm orange juice. と言ってしまう、よくある間違いは他人事ではありません。「私はオレンジジュース（がほしいです）」という日本語に、ついつい引っ張られてしまうのです。このように母語の表現・発想法には、知らず知らずのうちに影響を受けがちです。

「おなかが空いた」という日本語を見て、英語を学び始めたばかりの中学生は「おなか（stomach＝腹・胃）」を主語と考えて、英文を作ろうとするかもしれません。しかし「おなかが空いた」の主語は「おなか」でしょうか？　この文をより説明的に表現するなら「私はおなかが空いた」と言えます。つまり「私」を外に出さない、いかにも日本語的な言い方です。

これを英語にすると、主語は「私」＝Iということで I'm hungry.（私はおなかが空いた状態である）という表現になります。

日本語では「私は」をはじめ「あなたは／彼女は／彼らは」といった、いわゆる人称代名詞を主語にして文を組み立てることは通常ありしません。小説などはちょっと話が別ですが、誰のことか自明なら、日常会話でわざわざ「誰が」とは言いません。

つまり、日本語から英文を発想するときは、ふだん気にかけない主語の存在を意識しないといけないわけです。

まとめ

「おなかが空いた」の主語は、文中にある「おなか」でなく、この文にない「私」＝Iである。日本語でわざわざ言わないことを、英語はしっかりと言葉で表現する。

Lesson 4 適切な主語が見つからなければitで代用せよ！

✦ロンドンは何時ですか

英 A: What time is it in London?
B: It's seven thirty in the morning on Monday.

〈ト 1-071'、コ 1-071' ほか〉

日 A：ロンドンは何時ですか？
B：月曜の朝７時半です。

日本語の「ロンドンは７時です」という文の主語は何でしょうか？「ロンドンは…」とあるので「ロンドン」が主語だと思いこんで、London を主語に、be 動詞を用いた英文×London is seven (o'clock). を組み立てる。これは入門レベルの学習者がやってしまいがちな間違いです。

「ロンドンは英国の首都です」という文なら London is the capital of the United Kingdom. と英訳できます。「ロンドン」＝（は）「英国の首都」というイコールの関係が成り立ちますから、ロンドンを主語として be 動詞を使った表現が適切なわけです。

しかし「ロンドンは７時です」の場合は、「ロンドン」と「7 時」の間にイコールの関係が成り立ちません。ロンドンを主語として be 動詞で表現するわけにはいかないのです。

では主語は何か？　厳密に考えると「いまロンドンは、時刻が７時です」という意味になるでしょう。本来の主語は「ロンドン（は）」でなく「時刻（が）」のほうです。とはいえ、なんだかすっきりしません。英語でも「時刻は」を主語にしたThe time is ... という表現をとることはほとんどありません。ではどうするか？

日本語は「7時です」のように、主語に当たるものがなくても、文が成り立ちます。しかし英文は主語がないと文が組み立てられません。そこで苦肉の策としてitを主語に立てて表現するというお約束になっています。

このitに具体的な意味はなく、ダミーの主語で、一般に形式主語と呼ばれています。ダミーだろうが、見せかけだろうが、とにかく主語がないことには、英文が始まらないのです。

時刻のほか、天候（いい天気です）や、距離（駅から1キロです）など、主語が見いだせない場合に、形式的な主語itを用います。何が何でも主語、というのが英文の発想です。主語に対する英語の強迫観念（？）さえ感じてしまいます。

主語の存在を意識しない日本語と大きく違うところです。

☑ 日本語の「～は」には話題に取り上げる働きがある

✦シドニーは3時半です

A **What time is it in Japan? It's three thirty here in Sydney.**

B **It's two thirty in Japan.** 〈ワ1-078〉

A 日本は何時ですか？　ここシドニーは3時半です。
B 日本は2時半です。

シドニーと東京の時間が話題にのぼっています。インターネットでチャットしている場面です。

時刻を表現するので、主語は形式的なitを立てます。「日本は～／

シドニーは～」に誘われてJapanやSydneyを主語にして英文を考えないようにしましょう。

ところで、オーストラリアは東西に広大な国なので、東部と西部では2時間の時差があります。シドニーが3時半の時、西部のパースは1時半になる計算です。It's one thirty in Perth. となります。日本はシドニーより1時間遅れ、パースより1時間進んでいることになります。まとめて言えば「シドニーは3時半、日本は2時半、パースは1時半です」となります。

この言い方から分かるとおり、日本語の「～は」には何かを話題に取り上げる働きがあります。また文脈によっては「Aは△、Bは○」というようにAとBを対比・比較する意味合いが生じます。

日本語を学ぶ外国人には「～は」をtopic marker（話題を示すマーカー）と説明したりします。subject marker（主語を示すマーカー）ではない、という含みも込めています。

「は」の前にはトピック、後ろにはコメントがきて、「topic＋は＋comment」という文型を成します。トピック・主題・話題が「は」で導かれ、「は」の後ろにコメント・説明・解説が続くというのが日本語のしくみです。

まとめ

日本語は「5時です」のように主語に当たるものがなくても文が成り立つ。いっぽう英文はIt's five (o'clock). のように主語が必須だ。通常、英語の主語となるヒトやモノを主語にできない時刻の表現や天気、距離などでは、形式的なitを主語として立てる。

さらにひとこと!

日本語と同じ発想の主語なし英文がある？

英文では主語が必要不可欠であることを、これまで何度か述べてきました。では、英語ネイティブの英文には、本当にいつでも主語が伴うのでしょうか。

相手の発言に「すごいね！」とカジュアルに応じるとき Sounds great! と言うことがあります。逐語訳すると「すごいように聞こえる」です。主語なし文のように見える Sounds great! ですが、文頭の it が省略されているだけで、本来は It sounds great. という形です。主語 it は、相手の発言を指し「あなたの言ったことは、すごいように聞こえる」という意味です。

省略でなく、もともと主語がない文もあります。

例えば、(1a) Do it. (1b) Move it. (1c) Close it. とか、

(2a) Go down. (2b) Get down. (2c) Go swimming. などは、れっきとした英文ですが、主語が含まれていません。

主語がなくて、いきなり動詞で始まる文は、普通は命令を意味します。主語のない命令文です。

(1a) Do it. は「それをしろ」と相手に要求していることになります。某スポーツ用品メーカーの宣伝文に Just do it. というのがありました。「とにかくやってみろ（みよう）」と顧客を鼓舞するキャンペーンです。

(2a) Go down. は、例えば、Go down this street and turn left at the bank.〈ク 3-010〉(この道をずっと行って銀行を左に曲がってください) のように道案内でよく使います。go down の down (⇔up) は、文字通り「くだる」ときばかりでなく、道なりに（道にそって）進む場合にも使います。形式としては命令文ですが、日本語の「行け！／進め！」のようなきつさは伴いません。分かりやすさを第一とする道案内などでは、動詞むきだしで (please などの丁寧表現ぬきで) 簡潔に指示するほうが好まれます。

ちなみに、(2a) go down と似ている、(2b) get down は「おりる」に近い意味です。

Just do it. や Go down this street. のように、命令や指示をする主語なし文は、英語として標準的な使い方です。(1b) Move it. を「(それを) 動かせ／どかして」という意味で、また (1c) Close it. を「(それを) 閉めろ／閉めて」という意味で使うかぎり文法にかなっています。(1b) Move it. の主語をあえて補足して訳せば「あなたがそれを動かすの」、(1c) Close it. は「あなたがそれを閉めるの」と言えるでしょう。とにかく Move it. とか Close it. と言われた相手、つまり you が move したり close したりする意味上の主語になります。

ところがなんと、(1a) Do it. を「私がそれをする」、(1b) Move it. を「私がそれを動かす」、(1c) Close it. を「私がそれを閉める」の意味で使う場合があるのです。ただし、標準的な英語ではありません。あくまで例外ですので、ここからはそのつもりでお読みください。

標準英語の命令文では、言われた人 = you が意味上の主語 (動作する主体) でしたが、この場合は言った人自身 = I が主語になります。つまり、I will {do/move/close} it. と同じ意味、つまり「私がそれを {し／動かし／閉め} ます」という意味で、主語のない文 Do it. /Move it. /Close it. を、英語ネイティブが使う場合があるのです。

「英語ネイティブが使う場合がある」というよりも「英語のネイティブになりかけの人は必ず使う」といったほうが事実に即しています。英語のネイティブに「なりかけの人」とは、英語の環境で育つ幼児のことです。また「必ず使う」とは、英語を母国語として身に付けていくとき「主語なし文」の段階を必ず通るという意味です。

私は、この事実を知ったとき、ちょっと救われた気がしました。

英語圏の子ども（＝英語ネイティブになりかけの人）は、主語を言わないんだ、と思ってほっとしたのです。日本語と同じじゃないか、という発見をしたような気持ちでちょっと、いや相当うれしくなりました。

例えば、幼児英語の（2c）Go swimming. は、日本語の「Q：どこ行くの？ーA：泳ぎに行く」と同じく、主語「I／私」がありません。言わなくても分かることは言わない、大切なところだけ言う、という幼児英語の合理性が興味ぶかいと思います。省エネで経済的な幼児の英文法は、やがて成長するにつれて、複雑で手間のかかる標準的な文法に変わっていきます。そしてＩとか my とか、やたら「我」の強い大人の英語が出来上がっていくのです。

第2節 ものごとのとらえ方と述べ方

英語と日本語とでは、ものごとのとらえ方と述べ方に違いが見られます。同じ情景を目にし、同じ場面に身をおいても、日本語と英語の話者とでは、どうやら受け取り方が異なるようで、表現方法も変わってきます。そのような異なる表現のうち、ものの見え方と、文の打ち消し方の違いに注目します。

Lesson 5 ズームインする日本語 ズームアウトする英語

✦公園でお姉さんを見ました

英 I saw your sister in the park this morning. 〈サ 2-012〉

日 けさ公園で（あなたの）お姉さんを見ました。

英文は通常「①主語（誰が）→②動詞（どうする）→③目的語（何を）→④副詞句（どこで）→⑤副詞句（いつ）」の語順で並びます。最後の副詞句は、強調するとき文頭に出ることもあります。

例文では「① I（私）→② saw（見た）→③ your sister（あなたの姉／妹）→④ in the park（公園で）→⑤ this morning（この朝）」で、まさにこの語順です。

いっぽう日本語で自然に響く語順は「（①誰が→）⑤いつ→④どこで→③何を→②どうする」です。主語「誰が」は自明なら言わないことが多く、上の日本語のように「けさ公園でお姉さんを見た」となります。

この例文で日本語と英語は、鏡に映った左右反対の像のように語句の並び順が見事に反転しています。日本語と英語のものごとのとらえ方と述べ方の順番は、映像のズームインとズームアウトの関係に例えて比較すると理解しやすいでしょう。

日本語の「けさ公園でお姉さんを見た」は、朝の街全体を遠景でとらえ、その中の公園に寄っていき、さらに公園にいる人物「お姉さん」を大写しする、いわゆるズームイン（広角から寄りのアップに移行する映像）の手法を感じさせます。

これに対して英語は、I saw your sister（あなたのお姉さんを見た）でまずお姉さんのアップから始まり、やや引いていくと公園にいることが分かり（in the park）、公園からさらに広角に引くと（this morning）朝日が昇って間もない街の全景が俯瞰されていくズームアウト（寄りの画像から広角に移行する手法）を感じさせます。

ズームインする日本語	けさ＞公園で＞お姉さんを見た
ズームアウトする英語	I saw your sister ＜ in the park ＜ this morning.

日本語のズームイン（引きから寄りへ）と、英語のズームアウト（寄りから引きへ）の対照的な関係は、住所の表記にも見られます。アルクの所在地で比較してください。

ズームイン	東京都＞千代田区＞九段北 4-2-6 ＞市ヶ谷ビル
ズームアウト	Ichigaya Bldg. ＜ 4-2-6 Kudankita, ＜ Chiyoda-ku, ＜ Tokyo

「英文はズームアウト」で表現する、まず対象をアップで見せてから、次第に背景となる情報を加えていく手法を身に付けると、英文の組み立ても楽になっていくはずです。

✦テレビでサッカーの試合を見ました

In the evening, I watched a soccer game on TV. 〈ホ2-016〉
夜は、テレビでサッカーの試合を見ました。

この英語の例文で文頭に来ている in the evening は、基本的な語順だと文末に配置されます。よく日本語は語順が自由だと言われますが、英語もこのようにある程度は融通が利きます。

なお、定位置から文頭に移動した場合、カンマ「,」を付けて倒置文であることを視覚的に認識しやすくする決まりになっています。

日本語と英語の基本語順を比べてみると、やはりズームインとズームアウトの関係を見てとることができます。

ズームインの日本語　　夜＞テレビで＞サッカーの試合を見た
ズームアウトの英語　　I watched a soccer game ＜ on TV ＜ in the evening.

英文で表現される映像イメージは、まずサッカーの試合が画面いっぱいに大写しされ、やや引くとそれはテレビの中の映像であることが分かり、さらに画角を広くすると夜の場面であることが分かる、そんな感じです。

まとめ

日本語は「けさ公園でお姉さんを見た」のように、周辺の情景から始めて、次第に中心部へと視野を絞っていく。引きの映像から寄りの映像へズームインする描写法に例えられる。これに対し英語は、I saw your sister in the park this morning. のようにいきなり中心的なことを述べてから周辺へと視野を広げていく。寄りの映像から引きの映像へズームアウトする描写法に例えられる。英文を組み立てる時は、まず対象をアップで示し、それから背景の情報を加えていくとよい。

Lesson 6 英語は「幽体離脱」する!? 自分の肉体を客観視して描写

✦あっ、名前が書いてある

英

A: Whose uniform is this?
B: I don't know.
A: Oh, I see a name here. "Oka Kenta."
B: Sorry, it's mine. Thank you very much. 〈サ 1-074〉

日

A：このユニフォーム（体操着）誰の？
B：分かりません。
A：あっ、ここに名前が書いてある。「岡 健太」。
B：すみません、僕のです。どうもありがとうございます。

教室で忘れ物を手にした先生Aと、生徒B（岡健太）の会話です。先生が、忘れ物の持ち主を探しに、教室にやってきました。体育のユニフォーム（体操着）を手にしています。「このユニフォーム、誰の？」とクラス全員に問いかけ。「分かりませーん」と無邪気に答える健太くん。体操着にあらためて目をやった先生は、持ち主の名前を発見しました。

日本人は、このような場合「あっ、名前が（書いて）ある／あった」とか「あっ、名前だ」のように、目に映った名前の存在を、まず口にするのではないでしょうか。

もう少し説明的に言うと和訳文のように「ここに名前が書いてある」となります。これを英語ではどう表現するでしょう？

日本語に近い形で a name を主語にして、A name is written here. という受け身文で表現することもできますが、この状況で通常、英語のネイティブが言うのは I see a name here. です。

逐語的に訳すと「私はここに、ある名前を見ます」というたいへん奇妙な日本語になります。

日本語の発想からすると、I see a name here. という表現はなかなか出てきません。とても英語らしい表現といえます。

日本語の「名前が書いてある」という文には、その状況を認識した、つまり名前に気付いた「私」は現れません。

それに対して英語の I see a name. には、私に見えないはずの私（I）が文面に現れているのです。自分（文中の I）は名前を見ているのですが、その自分をさらに外側から眺める自分（話し手）が存在するという、二重の見方をしていることになります。まるで「幽体離脱」した魂が自分の肉体を客観視するような描写、それが英語の表現方法です。

動詞 see で幽体離脱する表現を、教科書からもうひとつ紹介しましょう。

☑ 英語では虹は見るもの
日本語では虹は出るもの

✦虹が見えました

I saw a rainbow in the sky. 〈ク3-150〉
空に虹が出ていました。

この英文を直訳すると「私は空に虹を見ました」になります。やはり普通の日本語らしくありません。例えば、夕立の後、虹がかかっているのを目にしたら、うちに帰って「虹を見たよ」と話すこともあるかもしれませんが、それを言うなら「虹が見えた」「虹が出ていた」と表現するほうが自然です。

虹は自然現象ですから、日本語の感覚では見ようと思っても、なかなか見られるものではありません。運が良ければ、見ようと思わなくても、自然と目に入って「見える」のが虹です。

しかし主語のＩが幽体離脱する英語では、虹を見る自分をさらに外側から眺める自分がいて、I saw ... で表現できるのです。

語法 ＋アルファ

いろいろな「見る」see/look/watch の違い

see は自然に目に入るものを「見る」ときに使います。日本語の「～が見える」は、I see ... で表現できるのです。「見かけた／目に入った」ときも see を用います。

同じ「見る」でも、look は視線を向ける見方、watch は対象（の動き）を見守るような見方に用います。

まとめ

日本語は「名前が（書いて）ある」のように、目に映った情景をそのまま述べる。いっぽう英語ではI see a name.のように自分が名前を見ている場面を、幽体離脱して俯瞰するような客観的描写をする。同じものを目にしても、英語話者と日本語話者とでは、見え方が異なり、表現方法も異なる。自分には見えないはずのIを、英文では主語に立てる。

Lesson 7 Noは天動説「いいえ」は地動説

✦好きじゃないんですか
（Don't you like tofu? =「豆腐は好きではありませんか？」と問われて）

英 ① No, I don't./ ② Yes, I do. 〈コ 3-147〉

日 ①はい、好きではありません。／②いいえ、好きです。

"Don't you like tofu?"（豆腐は好きではありませんか？）と否定疑問文で尋ねられたときの答え方は、日本と英語で正反対になります。

日本語では「好きではないんですか？—いいえ、好きですよ」という問答になります。しかし英語のyesとnoはそうではありません。"Yes, I do." となります。

日本語で「はい」と答えるところがnoで、「いいえ」と答えるところがyesになるというややこしい関係です。

☑ 日本語は相手の意向に沿っていれば「はい」英語は話の内容に対して肯定ならばYes

日本語は、相手の意向・尋ね方に沿う答えなら「はい」、そうでなければ「いいえ」で応じます。ですから相手の問いかけ方によって、答えの「はい」に続く言葉が、(a)「(はい) 好きです」になったり、(b)「(はい) 好きではありません」になったりと変化します。

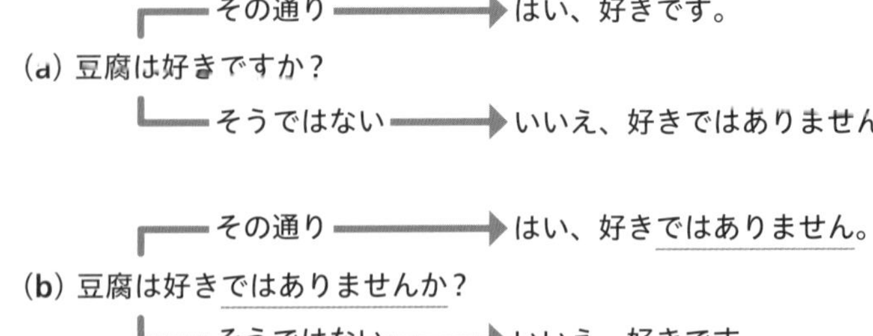

いっぽう英語は、相手の意向・尋ね方と切り離して、答えの内部で論旨が一貫するよう yes と no を使います。相手が (a') Do you ...? と肯定で尋ねてこようが、あるいは (b') Don't you ...? と否定で尋ねようが、好きなら常に Yes, I do. で、好きでないのなら常に No, I don't. と答えます。

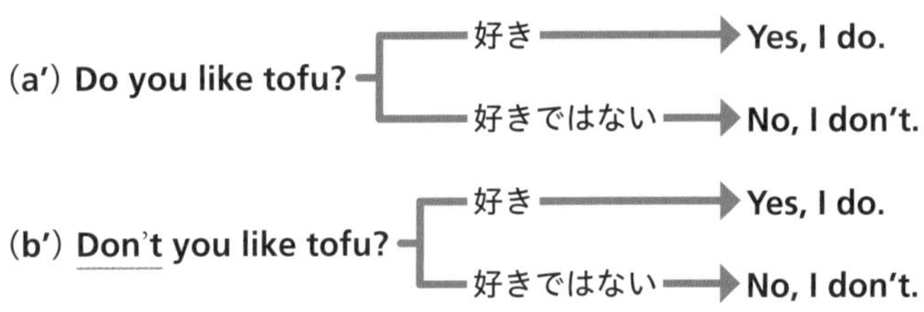

否定疑問の (b') が、日本語の (b) と正反対の答え方になる点が要注意です。

「はい／いいえ」と「yes/no」の用法の差異は、日本語と英語の文化的な違いを反映しているように見えます。

日本語では、相手の問いに合わせて、自分の答えを順応させます。よく言えば協調性に富んでおり、和を尊ぶ精神すら感じられます。日本語の会話では、相手と自分を共鳴させるわけです。これに対して英語は、相手がどう出てこようが、yes は yes、no は no で揺るぎがなく、確固とした自己を感じます。

天文学で言うと、日本語の「はい／いいえ」は地動説、英語の「yes/no」は天動説に例えられそうです。日本語は、自分（＝地球）が動くために、相手（＝宇宙）との相関において位置が定まります。これに対し、英語は自分の立ち位置がしっかり定まっていて不動です。天文学的には地動説が正しくて天動説は誤りですが、言語学的にはどちらも正しいということになります。

☑ 日本語を介して考えると答えるのが難しい Yes/No

英語の「yes/no」をややこしく感じるのは、日本語の「はい／いいえ」を介して考えるせいです。日本語と切り離して「yes/no」だけを見れば、英語の応答は実に論旨が一貫していて何も難しいことはありません。教科書の用例で確認していきましょう。

1. Ⓐ **We can't be late.**
   Ⓑ **No, we can't. Let's hurry.** 〈サ1-095〉

A（私達は）遅れることができません。
B はい、遅れるわけにはいきません。急ぎましょう。

A に We can't be late. と言われた B が No, we can't. と応じています。B の返答は ... we can not (be late). ですから、その冒頭は No で始めなければいけません。しかしこういう場合、日本人はつい×Yes, we can't. と言ってしまいがちです。

2. A **Where does he live? He doesn't live near here, right?**
B **No, he doesn't.** 〈サ3-01/〉

A 彼はどこに住んでいるの？　この近くに住んでいるんじゃないのね？
B そう、そうじゃないの。

A の 2 番目の文は、いわゆる付加疑問文です。He doesn't live near here までは平叙文で、平叙文の最後に ..., right?「（～なの）でしょ？」を付け加えることで、相手に確認を求めることができます。日本語で「そうでしょ？」とか「～ですよね？」と確認を求められると、つい「ええ」と言いたくなります。相手の期待に応えたいという普段の癖が、英語でも顔をのぞかせがちです。念を押すように ..., right? と言われると、思わず ×Yes(, he doesn't). と言ってしまいそうになりますので気を付けましょう。

英語の「yes/no」の使い方は、日本語と切り離してしまえば、単純そのものです。とはいえ私達の思考はどうしても日本語に縛られ、単純なことを、わざわざ複雑にしてしまいがちです。特に「yes/no」の応答については、頭で分かっていても体がついていきません。文法の知識があっても、運用力が伴わなくては困ります。外国語学習は身体運動・スポーツに通じる面があります。自主トレと実践練習が欠かせません。

まとめ

「コーヒーはお好きではありませんか？／Don't you like coffee?」に対して、日本語では「はい、好きではありません」と「はい」で「好きではない」という意思表示をする。いっぽう英語ではNo, I don't (like coffee). と、Noで「好きではない」ことを伝える。英語ではDo you like coffee? と聞かれようが、Don't you like coffee? と聞かれようが、コーヒーが好きならYes, I do. で、嫌いならNo, I don't. と答える。

名詞の修飾は前に付くか後に付くか？

この節では英語と日本語それぞれで、名詞をどう修飾するかについて考えていきます。例えば「面白い本」は、英語でも an interesting book となり、日本語も英語も「修飾語→名詞」の語順です。

しかし、名詞を修飾する部分が長くなると事情が変わってきます。

日本語では修飾部分が長くなっても名詞の前に付きます。しかし英語では修飾部分が文になると名詞の後に付くようになります。中学では「関係代名詞」として習います。

Lesson 8 詳しいことは名詞の後でじっくり説明する英語

✦きのう買った本です

英 This is a book I bought yesterday. 〈コ 3-051〉

日 (これは) きのう買った本です。

名詞を修飾するとき、短い形容詞なら、英語も日本語も同じように名詞の前に置きます。

「面白い本」は英語も an interesting book と形容詞が名詞の前にきます。どちらも同じ「修飾語→名詞」の語順ですので、日本語で思いついたまま英語にすればOKです。

しかし修飾部分が長くなると事情は異なります。日本語の標準的な語順では「きのう買った→本」のように、前から後ろの名詞を修飾します。日本語は、修飾する語句は長さに関わらず、修飾される名詞の前に常にくるのです。

いっぽう英語は名詞を修飾する部分が長くなると、名詞の後ろに付いて、名詞を後ろから修飾する語順になります。日本語では前から後ろの名詞を修飾する語順が一定しているのに対して、英語は前からも後ろからも名詞を修飾できるということです。

例文では

This is a book I bought yesterday.
(これは本です + 私がきのう買った)

と、後ろから前の名詞を修飾していますね。

実はこの英文は book の後に関係代名詞の that/which が隠れています。名詞 a book とそれを後ろから修飾する文 I bought yesterday をつなぐ=関係づけるのが、関係代名詞 that (which も可) の役割です。見方を変えれば英語には関係代名詞があるお陰で、後ろから前にかかる「後置修飾」がしやすいとも言えます。

この種の関係代名詞 that/which は省略されることが多く、中学の教科書でもよく省略されます。不慣れなうちは、どこからどこまでが、どこ (どの語) にかかるのか、修飾構造を見抜くのに時間がかかって戸惑います。

長さに関わらず常に前から後ろの名詞を修飾する日本語の「きのう買った→本」型の発想からすると、後ろから前を修飾する英語の「a book ← I bought yesterday」(本←私がきのう買った) は、語順が逆転しているように感じます。

英文解釈の授業では、関係代名詞 that のニュアンスを和訳文に反映させるために「きのう買ったところの本」といった「訳し上げ」る手法がとられてきました。「後置修飾」の英文の表現を「前置修飾」で訳した少々不自然な日本語です。そのため関係代名詞のあたりから、英文法は面倒くさい、難しくて嫌だと感じるようになり、それまで興味津々だった英語そのものに苦手意識を持ち始める人が増えます。

もちろん英語ネイティブが「訳し上げ」みたいに煩雑な解釈をしているわけではありません。英語の語順のまま「本」に続く説明を、ただ追加情報として理解しているだけです。この点を次に考えてみます。

☑ 英語の関係代名詞もズームアウト方式だ

Lesson 5 で英文には「ズームアウト」方式の表現が多いことを紹介しました。

まず話題の中心となるものにフォーカスしてから、その背景や説明部分へと俯瞰していくスタイルです。

関係代名詞を用いた This is a book (that) I bought yesterday. も、ある意味同じ理屈です。まず「これは本だ」と中心的なことを述べ、続けて「きのう買ったんだけど」という詳しい情報を付け足していくわけです。

この感覚が分かってくると、関係代名詞はややこしいものではなくなります。まず話題にするトピックを提示して、それに続けて説明を付け足していく。思いついたままに話していけばいいという点ではむしろ便利なズームアウト方式の表現法です。

実際に英文と日本語を比較しつつ、英語のズームアウト方式で名詞を修飾する感覚を身に付けていきましょう。

1. **This is a book I brought from home.** 〈ホ3-083〉
   （これは）家から持ってきた本です。
2. **This is a book (that/which) she wrote last year.** 〈ホ3-089〉
   （これは）彼女が去年書いた本です。
3. **This is the book which I read last night.** 〈ク3-058〉
   （これが）ゆうべ読んだ本です。

関係代名詞 that/which は、1 のように省く場合もありますし、2 や 3 のように（どちらか一方を）文面に示す場合もあります。関係代名詞のすぐ後ろに名詞や代名詞（上の例では I や she）が続く場合、日常会話では関係代名詞をよく省きます。

☑ 関係代名詞で修飾される名詞の冠詞は the か？

ところで、冒頭の例文や上の 1、2 の book には不定冠詞 a が付き、3 の book には定冠詞 the が付いています。

関係代名詞で後ろから修飾される名詞は特定化されるので the が付く、と思い込んでいる人が時々います。the が付くこともあれば、a(n) が付く場合もあります。聞き手も承知している「例の（本）／あの・その（本）」であれば the book になりますが、聞き手にとって初耳の「ある（本）」であれば a book です（Lesson 53 参照）。

上の和訳文 1〜3 では、a と the の違いを「これは」と「これが」で言い分けてみました。例えば、例文 3 の the のニュアンスを日本語に置き換えると「これがその本でね、ゆうべ読んだんだ」という感じになります。

まとめ

日本語は「きのう買った→本」のように、先に説明から始めて、後ろの名詞を修飾する。これに対し英語は「a book ← I bought yesterday」のように、まず名詞を提示して、後から詳細な説明を付け加える。英語はまず話題の中心をフォーカスするズームアウト方式である。

Lesson 9 英語は骨格から発想すれば複雑な文も理解し、表現できる

✦映画は面白かった

英 The movie (that) I saw last week was very interesting. 〈ト 3-085〉

日 先週見た映画はとても面白かったです。

日本語の構造は「先週見た→映画」というように、前から後ろの名詞（映画）を修飾する語順が基本となります。それに対し英語は「the movie ←（関係代名詞）+ 私 + 見た + 先週」という、後ろから前の名詞（the movie）を修飾する構造をとります。

名詞の修飾の語順が逆なため、関係代名詞の入った英文は分かりにくく感じる人が多くいます。例文を細かく見ると、I saw last week が the movie を修飾し、very が interesting にかかっています。複雑そうに見えますが、大枠はとても簡素で、次のような「① was ②」

という、①と②をイコールの関係で結び付ける平易な構造です。

例文（原文）から修飾要素を取り除いて、骨格だけを示せば、[The movie] was [interesting]. という極めて単純な構文であることが分かります。

原文 ① **The movie (that) I saw last week** **was** **very interesting** ②.
骨格 ① **The movie** **was** **interesting** ②.

英語のネイティブは「① The movie (that) I saw last weck」と「② very interesting」を、それぞれひとかたまりに知覚し、文意を汲み取っていると考えられます。日本語の語順と異なる構文なので、最初は戸惑うかもしれません。英文を解釈するときは、まずは全体の骨格を大づかみに捉えることが大事です。

逆に、日本語から英文を組み立てるときは、まず骨格となる「① was ②」を想定しておいて、肉付けを考えるのがコツです。

実際に英文の骨格に肉付けをする過程をたどってみましょう。

「あなたのおじさんが作ったケーキはおいしい」という意味の英文を作りたいとします。

英文の骨格となるのは「ケーキはおいしい」です。つまり [The cake] is [delicious]. です。

次に The cake を修飾する 部分「あなたのおじさんが作った」の英文を考えます。(which) your uncle made ですね。これを The cake のすぐ後ろに付け足します。なお which は that でも構いませんし、省略しても構いません。

骨格 ① **The cake** **is** ② **delicious.**
肉付 ↑ **(which) your uncle made**

こうして骨格に肉付した英文が次のように出来上がります。

The cake which your uncle made is delicious. 〈ト3-083〉
あなたのおじさんが作ったケーキはおいしいです。

語法 ＋アルファ

関係代名詞の前のカンマにご用心

次の英文はよく似ていますが、1か所だけ小さいけれども大切な違いがあります。どこが違うでしょうか。
(1) I have an aunt who lives in Osaka.
(2) I have an aunt, who lives in Osaka.

関係代名詞 who の直前にご注目ください。(2) は who の前にカンマ「,」がありますが、(1) の aunt（おば）と who の間には何もありません。見落としそうな細かい違いですが、このカンマ「,」の有無は重要です。その働きを、日本語に反映させて訳し分けると次のようになります。
(1') （私には）大阪に住んでいるおばがいます。
(2') （私には）おばがひとり（だけ）いて、大阪に住んでいます。

カンマ「,」のある (2) は、その前で意味がひと区切りします。つまり文の前半 I have an aunt, ... でひとまず意味が完結し「おばがひとりいる。」ことを伝えます。そして、そのひとりのおばさんについて、カンマ「, who...」以降で説明を加える形になります。

いっぽうカンマ「,」のない (1) の場合「an aunt」は「あるおば」といったくらいの意味合いです。このカンマのない (1) を、カンマのある「(2) おばがひとりいて、大阪に住んでいます」のように文頭から解釈していくと、誤訳になる危険もあるので要注意です。(1) は、神戸や京都などに、別のおばさんがいる可能性も考えられます。(2) のおばさんはひとりだけです。

まとめ

The movie ← I saw last week のように、英語は後ろから前を修飾する。「きのう見た映画は面白かった」を英語にするときは、まず骨格の [The movie] was [interesting]. を想定する。そこに肉付けをして、[The movie ← I saw last week] was [interesting]. を組み上げる。

Lesson 10 「犬」の前に付く日本語の修飾 dogの前にも後にも付く英語の修飾

✦通りを歩いている犬

英 Look at the dog walking on the street. 〈ト 3-067〉

日 通りを歩いている犬を見て（ごらん）。

英文は名詞dogの後ろに修飾する言葉が続いています。上の例は、次の英文のカッコ部分が省略されたものと考えられます。

Look at the dog (that/which is) walking on the street.

関係代名詞のthatあるいはwhichと、進行形を形づくるbe動詞があるのが本来の形ですが、しばしば略されます。

これが単に「歩いている犬」のように、修飾する語句が短ければ、英語でも(the) walking dogと名詞の前に付きます。似た例に、決まり文句のa walking dictionary、歩く辞書つまり「生き字引」や、Sleeping Beauty（眠れる美女）などがあります。

進行形で名詞を後ろから修飾する例を、もう少し教科書から拾ってみましょう。

1. **The girl (who is) playing tennis is Miki.** 〈ク3-070〉
   テニスをしている女の子はミキです。
2. **Do you know the boy (who is) playing the guitar?** 〈ホ3-071〉
   ギターを弾いている男の子を知っていますか？
3. **The man (who is) reading a newspaper is my friend's father.**
   新聞を読んでいる男の人は友人のお父さんです。〈サ 3-054〉

いずれの例文の人物（the girl/the boy/the man）も、後続の ...ing によって修飾されています。...ing は進行中の行為を表しますから、この人達は、今テニスをし、今ギターを弾き、今新聞を読んでいることになります。

名詞を修飾する部分が長いとき、まず the girl/the boy/the man などを先に示し、その後ろから修飾するのが英語の語順です。

まとめ

日本語では「①歩いている→犬」も「②通りを歩いている→犬」も、いつも前から後ろの名詞を修飾する。これに対し英語は、① the walking → dog と、② the dog ← walking on the street のように修飾語の長さや構造に応じて名詞の前から修飾したり、後ろから修飾したりする。

さらにひとこと!

どちらが分かりやすい? 後置修飾の英語 vs. 前置修飾の日本語

修飾部分が名詞の後ろに来る英語と、名詞の前に修飾部分が付く日本語とでは、構造としてどちらのほうが、意味が分かりやすく伝わりやすいのでしょうか?

修飾部分が名詞の後ろにくる「後置修飾」と、名詞の前にくる「前置修飾」、それぞれの長短について考えてみましょう。

1

(英) 後置修飾 ① This is ② a book .
↑ that I bought yesterday

(日) 前置修飾 ① これ は ② 本です。
↑きのう私が買った

2

(英) 後置修飾 ① The cake is ② delicious.
↑ which your uncle made

(日) 前置修飾 ① ケーキ は ②おいしいです。
↑あなたのおじさんが作った

1では「This is a book」と骨格がまとまって先に示される英語のほうが意味を取りやすいですね。日本語は骨格が「これは」と「本です」が離れてしまい、その間に修飾要素が入り込んでしまい分かりにくい面があります。

逆に2では、日本語は骨格「ケーキはおいしいです」がまとまっているのに対して、英語は「The cake」と「is delicious」が分離してしまいます。

英語も日本語も一長一短で、骨格がまとまっていれば文は分かりやすく、逆に、骨格が分離している文は難解になります。

また、日本語も英語も、主語を修飾する部分がだらだら長いと、分かりにくい悪文になる危険があります。2の日本語のように「ケーキはおいしいです」がまとまるのはいいとして、「ケーキ」の前の修飾節が長いと頭でっかちの文になって読みやすくありません。

英語も日本語も名詞を修飾する部分をいたずらに長くすると悪文になりがちなので、避けるべきです。修飾部分が長くなりそうな場合は、表現のしかたに工夫をこらして、読み手や聞き手にやさしい言葉づかいを心がけたいものです。

ただしこれは一般論であって、文学的な文章では、逆に味を出したり、ある種の表現効果を狙える場合もあります。

日本語での代表例は、日曜夜の国民的長寿アニメ番組「サザエさん」の主題歌。名詞に先立つ修飾を非常に長くしているのがポイントです。みなさんよくご存知だとは思いますが、歌いだしの部分だけ引用します。

「♪お魚くわえたドラ猫 追っかけて 裸足でかけてく 陽気なサザエさん」

この歌詞の歌いだしは、冒頭の「お魚」から「陽気な」までが「サザエさん」にかかります。一般的に言えば「悪文」の典型例です。「サザエさん」を修飾する部分が長すぎます。「お魚」が「ドラ猫」にかかり、それがまた「サザエさん」にかかるという、二重の修飾構造になっていて、作文のお手本にはなりません。

でも、これはこれでいいんです。主人公の「サザエさん」が最後に出てくるのがいいんです。「お魚」と「ドラ猫」が話の前ふりで、「サザエさん」が一種のオチになっているのです。これが、もし「サザエさんが、お魚をくわえたドラ猫を追いかけて裸足でかけていったって、陽気だね、フフーン」なんて当たり前の語順だったらもう台無し、でしょ？

第2章

万能動詞 have を使いこなせ

幅広い事象を「所有」する have の多様な表現

have は中学 1 年の春ごろ、基礎動詞のひとつとして習います。have は用途が広く、いわば万能動詞です。ほかの動詞を have で言い換えられる場合も多くて大活躍します。

中学英語の教科書巻末にある語彙索引を見ると、have の意味として「～を持っている／～がある／(肉親・友達) がいる／(動物などを) 飼っている／～を食べる／～を飲む／～を経験する／(楽しい時など) を過ごす／(会など) を開く・催す／(病気など) にかか (ってい) る」〈コ 3-134、ホ 3 118〉などが並んでいます。have をうまく使えば、これほど多くのことを表現できるわけです。

動詞としての have の意味の中心にあるのは「所有」です。ただし、日本語の「持つ」に比べて、have はずっと広範囲にいろいろな事象を「所有」します。例えばヒトやイキモノも気軽に所有し、形のないもの、身体的特徴など、日本語では「所有」の範疇に含まれない対象も have はカバーします。

have を用いる英語表現と、それに対応する日本語表現を比較すると、双方の特徴が浮き彫りになってきます。have の 1 語には英語らしさが凝縮されていると言っても過言ではありません。

第1節 さまざまな事象をhaveで所有

英語のhaveの使い方で特徴的なのは、日本語では決して「～を持つ・持っている」という言葉で表現しないような事象、事柄を表現してしまうことです。特に目立つのが日本語では「存在する」という意味で表現することを、英語ではhaveで「所有」の意味として表現することです。

例えば店で扱っている商品の在庫や家族など、日本語では「～がある／～がいる」と表現することを、英語ではhaveを用いて「～を持つ」と表現します。日本語からみると英語は所有意識のやたらと強い言語、そして英語からみると日本語は所有意識の希薄な言語ということになるでしょうか。

Lesson 11 商品の在庫をhaveする英語 在庫が「ある」日本語

✦別の色の在庫があります
（シャツを買いに来た客Aと店員B）

英
A: Do you have a bigger one?
B: I'm sorry. We don't have bigger ones in that color right now. But we have some other colors. 〈サ 2-086〉

日
A：もう少し大きいのはありますか？
B：申し訳ございません。その色で大きめのは、ただ今ございません。でも別の色はございます。

a bigger one = (もう少し) 大きいもの／大きめのもの」。複数の商品なら ones となる。Do you have inexpensive ones in this type? (このタイプで高くないのはありますか)

買い物の場面では「所有」する have が活躍します。

客が店員に店の在庫を尋ねるとき、日本語では「もう少し大きいのはありますか」というように文字通り在庫が「在る」かどうか存在の有無を問います。

いっぽう英語では Do you have a bigger one? のように、在庫をその店の「所有」物と見なし、「持っている」かどうかを問う表現となるのです。

なお日本では店員は立場上ていねいな言葉遣いを期待され、「ございます」という表現をとることが多いのですが、英語にこの種の敬語はなく、ごく簡単に have で表現します。

また英語では店員は通常 we で応対します。接客用語としての we です。店が営業中かどうかの表示は We are open. (営業中)、We are closed. (閉店) となります。

☑ have を使ったショッピング会話例

今どきの検定教科書には実用的な場面がたくさん盛り込まれています。「あります／扱っています」という意味の have を含むショッピングに役立つ表現を別の教科書から少し抜き出してみましょう。

お客の使う表現

・私に合うサイズはありますか？

Do you have one in my size? 〈ホ 2-111〉

・青いのはありますか？

Do you have one in blue? 〈ホ 2-111〉

・もう少し安いのはありますか？

Do you have anything a little cheaper? 〈ホ 2-111〉

店員の使う表現

・ほかにも商品の在庫がございます。

We have more in the back. 〈ホ 2-110〉

・このスタイルもございます。

We also have this style. 〈ク 2-109〉

語法 ＋アルファ

英語らしい積極的な SVO 型表現の have

冒頭の例文に登場した日本語表現は「～がある」という主語＋述語だけで文章が成立する自動詞文でした。いわゆる第 1 文型 SV（主語＋動詞）に相当します。

これに対して他動詞 have を用いた表現は後ろに目的語（Object）となる名詞が必要で、いわゆる第 3 文型 SVO（主語＋動詞＋目的語）の形をとります。ヒトがモノに積極的に働きかけて have（所有）します。英語では他動詞を用いた能動的な働きかけをする SVO 文型の使用頻度が高いのです。

自動詞文で「あるがままにある（なすがままになる）」表現の多い日本語とは対照的です。

まとめ

客が店員に店の在庫を尋ねるとき、日本語では「もう少し大きいのはありますか」のように、文字通り「在る」かどうか、存在の有無を問う。しかし英語では、Do you have a bigger one? のように在庫を店の「所有」物のように表現する。この例のように、日本語では存在を表す表現が、英語では所有を表す表現になることが多い。

Lesson 12 兄弟姉妹やペットも have してしまう

✦兄が２人います

英 I have a sister and two brothers. 〈サ 1-108〉

日 姉がひとり、兄が２人います。

兄弟姉妹あるいは息子や娘は、日本語では「兄がいる」「娘がひとりいる」のように、「いる」という動詞を使って「存在」することを示す形式をとります。

しかし英語では have で「所有」を表します。人間関係を「持つ」といった感覚です。もちろん友人もです。友達が多くいるなら I have many friends.（友達が大勢います）となります。家族や友人を「所有」する感覚は、ふつう日本語にはありません。英語との違いを感じさせられます。

兄弟姉妹、友人だって have するくらいですから、英語はペットだってもちろん have します。次の例を見てください。

A **Do you have any pets?**
B **Yes. I have cats.**
A **How many cats do you have?**
B **I have three.** 〈ワ1-040'、ホ1-049'〉

A 何かペットを飼っていますか？
B はい。猫を飼っています。
A 何匹いますか？
B 3匹います。

ペットを「飼う／飼っている」も英語ではhaveをよく用います。I keep cats. とkeepも「飼育する」という語感で使いますが、「何かペット飼ってます？」と気軽に聞く時はhaveで表現するケースが多いでしょう。また日本語訳では3匹「いる」と、動物に対しても人間と同じように「いる」を使い「ある」は使いません。

☑ 英語ネイティブは「数」に敏感

ところで前述のペットに関する会話例を読むと、英語が単数・複数に敏感であることに、あらためて気付かされます。

BがI have a cat. でなくI have cats. と言ったのを聞いて、AはHow many cats do you have? という次なる問いを発し、詳しい情報を求めることで、会話の内容を深めています。

catsという猫の複数形に関心を引かれた質問です。英語では単数・複数の区別を明確にするため、こうしたより突っ込んだ質問に、自然に発展していきやすいと考えられます。

これを日本語に訳した「B：猫を飼っています。— A：何匹いますか？」では、Aの質問がやや唐突な尋問じみた事実確認のような印象を受けます。通常、日本語は単複の区別を付けずに話すので、こうした展開にはなりにくいからです。

英語では a dog と dogs の区別が、必須 の文法事項となっていますが、日本語では任意に複数を表示したり（しなかったり）します。例えば「うちの猫達」などと言う人もいますが、この「達」は単に複数を示す接尾辞でなく、ヒトになぞらえて共感・愛着が込められている点で、英語の無色透明な複数形「...s」とはニュアンスが異なります。

まとめ

日本語は「（うちに）犬が２匹いる」のように、自分が「所有」するペットでも「いる」を用いてその「存在」を示す。いっぽう英語では、I have two dogs. のように、ペットを飼い主の「所有」物のように捉えて、話し手 I とペットの two dogs を have で関係づける。

さらにひとこと！

have と there is/are の違い

日本語の「ある／いる」が英語では have を使って表現される例を見てきましたが、there is/there are の表現も日本語では「ある／いる」となります。

では have と there is/there are の意味は同じかというと、そうではありません。実はこのふたつ、明確な使い分けがあるのです。

教科書の例で have で表現される動物と、there is/are で表現される動物の違いを観察してみましょう。

【have で表現される動物】
I have two dogs and a cat. 〈ト 1-030〉
うちに犬 2 匹と猫 1 匹がいます。
（犬を 2 匹と猫を 1 匹、飼っています。）

【there is/are で表現される動物】
There are some dogs and cats near the river. 〈創作例〉
あそこの河原に犬や猫がいます。

読み比べてみると、違いは明らかですね。

have で表現されているのはペットを飼っている状況です。いっぽう、there is/there are で表現されているのは野良猫や野良犬がいる状況です。

have できる動物はペットであり、河原にいる野良犬や野良猫の話に have は使えません。there is/there are で表現されるのです。

日本語ですと、ペットも野良も「いる」で表現します。しかし英語ではペットは話し手が「所有」しますが、野良はただ「存在」しており、表現が変わります。

逆にいえば「(うちに) 犬が2匹いる」のように日本語では、自分が「所有」するペットでも「いる」を用いて、ただ「存在」を示す表現となります。さまざまなものを「所有」する英語に対して、「所有」する意識の低い日本語の特徴が出ているともいえるでしょう。

Lesson 13 形がないものも have できる英語 「存在」するものとなる日本語

✦授業があります

英 I have a math class today. 〈ワ 1-015'〉

日 きょうは数学の授業があります。

形のない「数学の授業」を「持っている」というのは奇妙な感じがします。「数学の授業があります」というのが普通の日本語です。

日本語では授業は「ある」もの、「存在」するものであって、「所有」する意識は薄いですよね。しかし、所有表現 have は目に見えないもの、形がないものが「ある」場合にも使えるのです。

なお、「授業」は英語では数えられる名詞として不定冠詞 a が付きます。数えられるので have することに抵抗がないのかもしれません。形のないものを have を使って「所有」として表現する英語の例をさらに見ていきましょう

1. **We have a math quiz today.** 〈サ1-102〉
   きょうは数学の小テストがあります。

2. **We have a party. Because today is my sister's birthday.** 〈コ1-129'〉
   パーティーがあります。きょうは妹の誕生日なんです。

3. Ⓐ **Did you visit the White House?**
   Ⓑ **No. I didn't have the chance.** 〈サ1-103〉
   Ⓐ ホワイトハウスを訪れましたか？

Ⓑ いいえ。機会がありませんでした。

quiz ＝簡単な試験

例文に登場する「小テスト」「パーティー」「機会」はどれも形がないもので、日本語の「持つ」という感覚とは合いませんが、英語の have に含まれる所有の概念とは何ら矛盾しません。

例文 3 の英文を直訳した「機会を持つ」という日本語は変ですが、しかし「チャンスをつかむ」という日本語なら普通に言います。日本語にも、見えないものをあたかも実際に「手にする」「持つ」かのような表現はあるのです。

まとめ

日本語では「テストがある」のように、自分が受ける試験であっても、自分は文面に出さず、試験の「存在」のみを述べる。いっぽう英語では We have a quiz. のように、自分達が受ける試験を、まるで「所有」する対象のように表現する。英語の have は、日本語の「持つ」よりも、はるかに広い「所有」の概念を表す。

Lesson 14 無生物が無生物を have する英語 日本語ではどう表現する？

✦山頂には雪があります

英 The mountain is about 4,200 meters, so it has snow on its top. 〈ワ 1-102'〉

日 この山は標高約 4,200 メートルで、山頂には雪があります。

日本語で「所有」という行為がとれるのはヒトやイキモノに限られます。ところが英語では、ヒトでもイキモノでもない無生物が have の主語になり「所有」できます。

山頂に「雪がある」ことを、ふつう英語では [it] has snow（[それは] 雪を持つ）と表現します。「山が雪を持つ」なんて、日本語の感覚ではヤマをヒトに見立てた、擬人法のように感じられます。ちなみに上の例文の the mountain = it は、教科書ではハワイのマウナケア山（Mt. Mauna Kea）を指しています。

このような日本語の発想からは出てこない、モノがモノを have する用例を教科書から抜き出してみましょう。

1. **I have a book that has beautiful pictures.** 〈ク3-051〉
   美しい写真が載っている本を持っています。
2. **I want the cake which has chocolate on it.** 〈サ3-072〉
   チョコレートが載っているケーキがほしいです。
3. **Each stable has its own original *chankonabe*.** 〈ト2-012〉
   各（相撲）部屋にはそこ独自のちゃんこ鍋があります。

4. **This is *osechi*. It's Japanese New Year's food. Every dish has a special meaning.** 〈ト1-088〉

これはおせちです。日本の新年の食べ物です。
それぞれの料理には意味があります。

5. **The bread has carbohydrates. The orange juice has vitamins.**
パンには炭水化物が含まれています（＝あります）。 〈ト2-089〉
オレンジジュースにはビタミンが含まれています。

stable＝〔同業者の〕集まり、訓練所、転じて相撲部屋も
carbohydrate＝炭水化物、糖質

どの文も、モノがモノをhave (has) する用例です。日本語に訳すと「ある」や「(〜て) いる」になります。無生物が無生物を「所有」するhaveは、日本語の「持つ」感覚とは遠い関係にあります。

なお、例文1のI have a bookに含まれるhaveは、ヒト＝Iが、モノ＝a bookを「所有」するhaveです。「持つ（持っている）」という日本語の「所有」の概念からも理解が容易です。しかし、ここまでの例文を見てきてお分かりのように、haveには日本語の所有の概念から離れた表現が数多くあり発想の転換が必要になります。

まとめ

日本語で「持つ」と言えば、ふつうヒトがモノを「所有」することを意味する。英語ではThe mountain has snow on its top.のように、モノがモノを「所有」できる。日本語だと「山に雪がある」のように「存在」として表現することを、英語では「所有」として表現することがある。

さらにひとこと！

誰かの鞄とあなたの鞄

存在を示す英語表現 there is/there are を取り上げました（p. 61「さらにひとこと！」）。この表現について、もう少し掘り下げてみます。次の例文 1 と例文 2 を見比べてください。どちらも、鞄がひとつ机の上に存在しているのですが、文型が違っています。

1. There is a bag on the desk. 〈ト 2-031〉
   机の上に鞄があります。
2. Your bag is on the desk. 〈ト 2-031〉
   あなたの鞄は机の上にあります。

ここで注意したいのは、例文 2 を ×There is your bag on the desk. と言うことはできない点です。実は、There is .../There are ... の「...」のところは、聞き手にとって新しい情報（初耳のモノ）しか入れられません。例 1 の「ある鞄＝a bag」はぴったりですが、例 2 の「あなたの鞄＝your bag」は聞き手＝you の持ち物であって新情報にはなりませんから、There is ... 構文には合いません。

同じ理屈で、日本語では新情報である「何」の後ろにこられる助詞は「は」ではなく「が」です。「○何がありますか」と言いますが、「×何はありますか」とは言えません。「は」は既知情報に付きます。

上の日本語を、助詞「が／は」に注意して、再度見直してみましょう。

1. 机の上に鞄があります。
2. あなたの鞄は机の上にあります。

見たことのない誰かの「1. 鞄が」と、ふだん見慣れた「2. あなたの鞄は」とで、助詞が使い分けられています。細かなことを言うと文型も違っていて、「1. [場所（机の上）] に [モノ（鞄）] があります」は存在文、「2. [モノ（鞄）] は [場所（机の上）] にあります」は所在文（どこにあるかを言う文）と称して、機能を呼び分けたりします。

第2節 我が身すら have する英語

have がさまざまな状況を「所有」の意味で表現できることを見てきました。第 2 節でもさらに多様な「所有」の用法を学んでいきます。身体の特徴であったり体調や病状など身体に関係する事柄も have を使って表現することができるのです。日本語の「持つ／持っている」と訳せるのは、have の表現のごく一部にすぎないことが理解できるでしょう。

Lesson 15 身体の一部も have して表現する英語「〜です」で身体の特徴を示す日本語

✦ミクは髪が長い

英 Miku has long hair. 〈サ 1-086'〉

日 ミクは髪が長いです。

この文は有名人を紹介する学習活動の例（下記）を少し変更したものです。ネット上の仮想世界に住む、髪の長いキャラクター「初音ミク」の絵を見せながら発表している状況です。

Hi, everyone. Look at this picture. This is Hatsune Miku. She has long hair. She lives in a virtual world. ... 〈サ1-086〉

みなさん、こんにちは。この絵を見てください。初音ミクです。（彼女は）髪が長いです。仮想世界に住んでいます。…

英語では、Hatsune Miku has long hair. のように、身体的特徴を示す「（～は…）です」にも have が使えます。直訳すると「初音ミクは長い髪を持っています」となりますが、あまり日本語らしくありません。より日本語的に言い換えると、「ミクは髪が長いです」になります。とにかく日本語では「所有」する発想が希薄です。

なお long hair の hair に ...s は付きません。また、a や the の冠詞も付けません。long hair や short hair など、髪型を示す hair は抽象的なもので数えられないものだからです。a long hair とすると 1 本の長い髪の毛の意味になります（第 6 章 Lesson 50 参照）

☑「象は鼻が長い」を英語ではどのように表現するか？

では、ここで問題です。身体的特徴を示す文「象は鼻が長いです」を、英語で何と表現するでしょうか。

ちなみに人間の鼻は nose ですが、象の鼻は一般に trunk と言います（nose でも通じます）。木の幹を指す trunk と同じ語です。言われてみると、象の鼻は木の幹みたいです。

いろいろな訳し方が考えられます。例えば「象の鼻は長いです」を直訳した An elephant's trunk/nose is long. も間違ってはいません。しかし、英語ネイティブなら have を使った次のような表現をする人が多いでしょう。

An elephant has a long trunk/nose.

日本語の「初音ミクは髪が長い」や「象は鼻が長い」のような「X は Y が Z」型の文を二重主語文と呼ぶことがあります。主語が 2

つ存在するという考え方でXを大主語（全体主語）、Yを小主語（部分主語）と見なします（別のとらえ方もあります）。

この種の「XはYがZ」型構文を英語にする場合、Xを主語に立て、haveを動詞として、小主語（部分主語）だったYを目的語にして、それを形容詞Zで修飾する「X＋have＋Z＋Y」型に当てはめるとうまく表現できます。

例えば「彼女は髪が長い」⇒「sheは hairが long」⇒「She has long hair.」という具合です。ちなみに私はこのような「シーはヘアーがロング」をへて訳す方法を「ルー大柴」先生方式と個人的に呼んでいます。

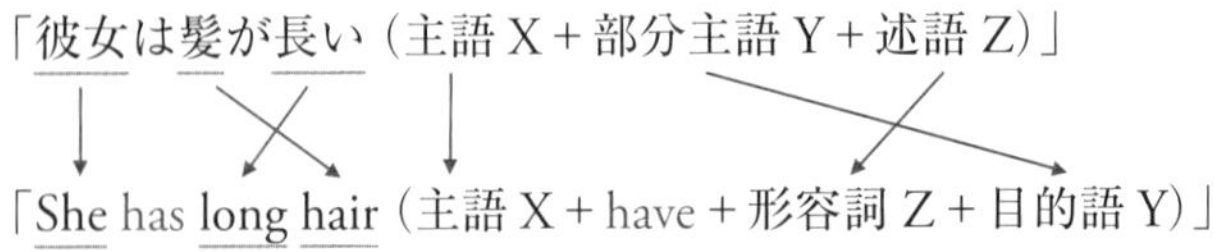

「彼女は髪が長い（主語X＋部分主語Y＋述語Z）」
「She has long hair（主語X＋have＋形容詞Z＋目的語Y）」

という関係ですね。

これらの型に注目しつつ、身体的特徴をhaveを用いて表現する例を見ていきましょう。

1. **A giraffe has a long neck. A rabbit is an animal which has long ears.** 〈コ3-059 ガイド3-103'〉
キリンは首が長いです。ウサギは耳が長い動物です。

2. **An octopus is a sea animal which has eight arms.** 〈ト3-075'〉
タコは足が8本ある海の生き物です。

3. **My uncle has a dog that/which has long ears.** 〈ワ3-063〉
おじは耳の長い犬を飼っています。

例文１の日本語「キリンは首が長いです」は「XはYがZです」型の構文で身体的な特徴を言い表しています。これに対して英語はA giraffe has a long neck.と「X（主語）＋ have + Z（形容詞）+ Y（目的語）」という型になっています。例文２も関係代名詞以降だけの文で考えるとAn octopus has eight arms.で「タコは足が８本です」となり、同じように例文３はHis dog has long ears.で「彼の犬は耳が長いです」となります。「X + have + Z + Y」の型で身体的特徴が表現されています。

このように英語では身体的特徴をhave (has)で言い表すわけですが、日本語で「キリンは長い首を持っている×」という言い方はしません。首は身体の一部として自然に備わっているのであって、それをモノのように「持つ」ことはできないという抵抗感が、英語のhaveを見ると、つい働いてしまいます。日本語と英語の隔たりを実感させられます。

まとめ

日本語では「彼女は髪が長いです」のように「彼女」を話題に取り上げ、その特徴について描写する。しかし英語ではShe has long hair.のように、sheがlong hairを「所有」するような言い方をする。英語のhaveは日本語の「持つ」よりも遥かに使用範囲が広く、身体部位さえhaveすることができる。

Lesson 16 英語は痛みも病気も「所有」して他動詞文で表現する

✦頭が痛いです

英 A: What's wrong?
B: I have a headache. 〈ク 3-022〉

日 A：どうしたんですか？
B：頭が痛いんです。

What's wrong (with you)? ＝どうしましたか？　は体調を聞く定型表現。What's the matter (with you)? とも言う。体調を問う以外に What's wrong? は「まずいことでもありましたか？」、What's the matter? は「何ごとですか？」といった状況確認にも使う。

日本語文は「頭が痛いです」と話し手が感じたままに主語＋述語の自動詞文で述べています。それに対し英語では、I have a headache. と have を用いて「痛みがある／熱がある／病気である」状態を「所有」する主語＋動詞＋目的語の他動詞文として表現しています。

感じたままを表現する日本語に対して、英語は痛みや病状を感じる自分自身を客観視（幽体離脱）し、I を主語にした文を組み立てているともいえます。日本語、英語それぞれの特徴が表れています。

英語では身体の痛みも「所有」し、have を使って表現できます。身体の不調は have を使う、と覚えておきましょう。

have を使った体調、身体の状態を示す表現をもう少し紹介します。

1. **I have a fever.** 〈ホ1-064〉
(私は) 熱があります。
2. **My leg hurts. I have a pain here.** 〈ホ1-065〉
足が痛いです。ここが痛いんです。
3. **Aya went to bed early because she had a cold.** 〈ワ2-035〉
風邪をひいていたので、アヤは早く寝ました。

> legは厳密には「脚」。くるぶしから先の「足」はfoot (複数はfeet)。和語 (大和言葉) では「脚」と「足」の線引きをせず両方まとめて「あし」と呼ぶ。

例文1はfever、つまり「(発) 熱」を体内に「持つ」状態で、要するに「熱がある」のです。

例文2のI have a pain here.は、足のどこかを指さし痛む箇所をhereと示し、その箇所に「ある痛み」(a pain) を「所有」(have) しているという英語らしい表現です。painにaが付くのも英語的ですが、legにmyが付いているのも英語的です。My leg hurts.は直訳すると「私の足が痛みます」ですが、日本語話者として言わせてもらえば「じゃあ、お前は他人様の足の痛みも分かるのか」と突っ込みたくなります。

例文3のa cold (風邪) も体内に「所有」します。ほかの痛みや病状と同じく、このcoldにも不定冠詞aが付きます。つまり風邪を数えられる名詞と見なして、haveする、と英語では言うわけです。

まとめ

日本語は「頭が痛いです」のように、話し手が感じたままを自動詞文で述べる。それに対し英語では、I have a headache.のように、痛みや病状を感じる自分自身を客観視し、Iを主語にした文を組み立てる。そしてhaveによって「痛みがある／熱がある／病気である」状態を「所有」する他動詞文として言い表す。

Lesson 17 食べる行為も時には have してしまう

✦すき焼きを食べました

英 I had sukiyaki last night. 〈サ 1-123〉

日 ゆうべ、すき焼きを食べました。

万能動詞 have のさまざまな用法を紹介してきましたが、have は「食べる」の意味でも使われます。

「食べる」動詞といえば、まず eat が思い浮かぶでしょう。例えばこの例文は、eat の過去形を使って、I ate sukiyaki last night. と表現することもできます。

have が eat の意味で使えるのは、have の持つ「所有」の概念が日本語に比べて非常に広いからです。「すき焼きを"所有した"」が「すき焼きを"食べた"」の意味で使えるのが have の便利なところです。

しかし逆に不便な面もあります。have は語義が広く多義的なため、文脈がないと意味が特定できないという弱点があるのです。

次の日本人の A さんと外国人の B さんのやりとりは、eat ならよく分かりますが、have だと話が通じなくなる例です。

1. A **Do you eat sushi?**

B **Yes, I do.**

A **Do you eat octopus?**

B **No. I don't like octopus.** 〈サ1-032'、ト1-024'〉

A 寿司を食べますか？
B はい（食べます）。
A タコは食べますか？
B いいえ、タコは好きじゃありません。

この会話のeatをhaveに入れ替えると、何を言っているのか、よく分かりません。Do you have octopus? は、単独の文だと「タコを［飼って／扱って］いますか？」という意味にしかとれません。haveの基本的な「所有」の意味が前面に出てきてしまいます。haveをeatの意味で使うには「食」に関する話題であることが明確でなくてはなりません。

次の例文2では、日本のAさんとインドのBさんが、カレーについて話しています。eatに注意しながら読んでください。

2. A **India is famous for curry, right?**
B **Yes. We usually eat it with our fingers.** 〈ホ1-060〉

A インドはカレーで有名ですよね？
B ええ。普段は指を使って食べます。

この会話でも、具体的な「食べる」行為を示すeatのほうが（haveよりも）手を使って食べる場面を想像しやすいのではないでしょうか。

3. A **In Canada, we have no special New Year's food.**
B **When do you eat special food?**
A **At Thanksgiving and Christmas. We often eat turkey and pie.** 〈ト1088〉

Ⓐ カナダには特別なお正月料理がありません。
Ⓑ いつ特別な料理を食べますか？
Ⓐ 感謝祭とクリスマスに。七面鳥とパイをよく食べます。

例文３では have と eat の両方が出てきます。have と eat に、どんなニュアンス差を感じますか。

A の ..., we have no special New Year's food. は、日本のおせち料理のような特別な食習慣（風習・行事）がないと言っている感じです。つまり have 本来の「所有」の意味が伝わってきます。それに対して後の ..., eat turkey and pie. は七面鳥とパイを「食べる」様子が彷彿とします。have でも通じますがやはり have より eat のほうが、より具体的に「食べる」感じが強まります。

☑ 習慣的な「食」の場面では have がなじむ

では have を eat の意味で使ってなじむのはどのような場合でしょうか。

4. Ⓐ **What do you usually have for breakfast?** 〈ホ1-063〉
Ⓑ **I usually have rice and natto for breakfast.** 〈サ1-123〉

Ⓐ いつも朝ごはんに何を食べていますか？
Ⓑ 朝ごはんはたいていご飯と納豆です。

ここでは for breakfast（朝食に）という表現があるので、文脈的に食べるということがはっきり分かります。こういうときは have が eat の意味で使われていると容易に了解できます。もちろんここで have/had の代わりに eat/ate を使っても構いません。

このような「朝食をとる」「昼食をとる」といった習慣的な行為の「食べる」に have はとても合います。B さんの場合、朝の食習慣は和風なのです。

日本語でも「食べる」という意味で「(食事を) とる＝摂る」と言いますね。have も「とる」も、本来の所有や入手という原義から「食べる」という意味が派生しています。

まとめ

日本語の「カレーライスを食べた」と、英語の I had curry and rice. を見比べると、改めて have の多義性に気づく。have は eat の意味にも化ける。日本語の「とる」が「食べる」の意味になるのに似ている。

さらにひとこと!

万能動詞 have と be 動詞（～です）の関係 ── 日英仏の比較

ここまで見てきたように have は、意味が広く用途も多様で、使いこなせると便利な万能動詞です。復習として 3 例、日本語で「持つ」ことができないのに、英語で have してしまう例文を挙げておきましょう。

(1) She has long hair. 彼女は髪が長い。（長い髪を持っている×）
(2) He has a cold. 彼は風邪をひいている。（風邪を持っている×）
(3) I have a stomachache.（私は）おなかが痛い。（腹痛を持っている×）

しかし、いくら万能動詞の have といっても、おのずと限界があります。例えば次のような have の使い方はできません。間違いですから真似しないでください。

(4) ×I have hungry. （私は）おなかが空きました。
(5) ×I have twenty years old. （私は）20 歳です。

(3) の「おなかが痛い」が言えるなら、(4) の「おなかが空いた」が言えてもよさそうなものですが、(4)(5) とも have は使えません。それを言いたければ、have の代わりに、be 動詞（⇒ am）を使います。

(4′) ○I am hungry. （私は）空腹です。
(5′) ○I am twenty years old. （私は）20 歳です。

このように I am ... で始めれば、正しい英語になります。

ところで、間違って I have ... を使った (4)(5) のような例は、実はフランス人の英語にしばしば見られるものです。

ここで少しだけフランス語の脇道に立ち寄りたいと思います。

フランス語でも、have に当たる avoir（アヴォワール「～を持つ」）と、be 動詞に当たる être（エートゥル「～は…である」）が大活躍します。語順も、フランス語と英語はだいたい似ています。文頭の主語は不可欠で、その次に動詞が続く語順は、フランス語と英語に共通しています。ですから、日本人が英語を習うよりは、フランス人が英語を習うほうが、ずっと楽なのです。でも、似ていれば似ているなりに、ちょっと困った問題も生じます。

そのひとつが「have≒avoir」と「be 動詞≒être」の守備範囲に、英仏の間でズレがあることです。そのため、相手の国の言葉を話すとき、フランス語風の英語になったり、あるいは逆に、英語風のフランス語になったりしがちなのです。

上の (4) と (5) は、フランス語風英語の典型例です。英語の (4′) I am hungry. や、(5′) I am twenty years old. と同じ意味のことをフランス語では、be 動詞に当たる être でなく、have に当たる avoir を使って、(4)(5) I have ... のような言い方をします。つまり、この例に関していうと、英語の have よりも、フランス語の avoir のほうが守備範囲が広いので、be 動詞の陣地にまで have がはみだしてしまうのです。

「他人のふり見て我がふり直せ」ということで、本筋に戻って、和風英語の問題点について反省しましょう。上で見たように、フランス風の英語は have を使いすぎる傾向がありました。その逆に、ともすると和風英語は be 動詞を使いすぎる危険があります。

「～は…です」のワナに要注意です。日本語では、文末を締めくくるために、丁寧体で「～です。」を非常に多く使います。普通体では「～である。」や「～だ。」に変わりますが、理屈は同じことです。「～は…です／である／だ」と be 動詞を安易に結び付けてはいけません。以下の例文をご覧ください。

5 例とも日本語では「～は…です」が使えます。いっぽう英語の (4′) と (5′) は be 動詞を用いますが、(1′) (2′) (3′) は be 動詞でなく have を使わねばなりません（(1′)(2′) は she/he に合わせて has にする）。

(1′) ×She is long hair. ⇐ 彼女は髪が長いです。
(2′) ×He is a cold. ⇐ 彼は風邪です。
(3′) ×I am a stomachache. ⇐（私は）腹痛／おなかが痛いです。
(4′) ○I am hungry. ⇐（私は）空腹です。
(5′) ○I am twenty years old. ⇐（私は）20 歳です。

日本語の表現に引きずられて、英語が和風化しないように、くれぐれも用心しましょう。

第3章

時間のとらえ方の違いを知る

英語の時間の切り取り方、時間の感覚をつかもう

第３章は「時間」をめぐる英語の表現を扱います。

英語は時間のとらえ方、つまり刻々と過ぎ去っていく時間の切り取り方と表現方法が、日本語と異なります。まずその違いを知ることが大事です。そのうえで、英語での時間のとらえ方、表現方法をとらえていきましょう。

具体的には、日本語の「～ている」という表現と英語の現在進行形の異同、未来に関する表現の日英語の違い、過去のとらえ方、そして日本語にない英語の「現在完了」の時間のとらえ方などを学んでいきます。

第1節 「～ている」を英語で表現

日本語の「～ている」は、実はさまざまな「時間」のとらえ方に対して用いられています。日本語を介して英文を作るときは、どういう「～ている」なのかを意識して、日本語の落とし穴にはまらないよう注意しなければなりません。第1節では多彩な「～ている」のうち、(1) 今、その最中であることを示す用法と、(2) 普段いつもそうしている状態であることを言う用法を取り上げます。

Lesson 18 日本語の「～ている」に近い英語の現在進行形

✦電話が鳴っています
(母Aと娘Bが自宅で)

英
A: The phone is ringing. Can you answer it?
B: Sorry, I can't. I'm cooking now. 〈サ 2-020〉

日
A：電話が鳴っているよ。出られる？
B：ごめん、無理。今、料理しているの。

「電話に出る」は「応じる」の意味で answer (the phone) となる。留守番電話は an answering machine（イギリス英語で an answerphone）。

電話が「鳴っている」や、「料理している」といった「～ている」は、今まさにそれが進行中であることを表わしています。このような場合、英語では現在進行形 be + ...ing を使います。

文法用語には分かりにくいものもありますが、この「現在進行形」という名称は分かりやすい用語です。いま現在、何かが進行中であることを示すのが、be + ...ing です。

A の The phone is ringing. は、日本語の「電話が鳴っている」と語順もぴったり一致します。また B の I'm cooking now. も今まさに料理している最中という意味ですから、日本語の「〜ている」と意味・用法が重なり合います。語順や文構造では差異が目立つ日本語と英語ですが、現在進行形 be + ...ing はすんなり理解できると思います。

別の例を見てみましょう。

It is raining now and a little cold. 〈ホ1-122〉
今、雨が降っていて少し寒いです。

この現在進行形 be + ...ing も、現在まさに進行中であることを表わしています。

天候の表現には it を主語に立てます（Lesson 4 参照）。英語の rain には、名詞の「雨」と、動詞の「雨が降る」の両方の用法があります。名詞がそのまま動詞に使えるあたりは、英語の便利なところです。

まとめ

日本語の「電話が鳴っている」も、英語の The phone is ringing. も、今、電話が鳴っている最中であることを示す。be + ...ing は現在進行中の行為や状況を、実況生中継のように描写する。日本語の「〜ている」と用法が重なり合う。

Lesson 19 英語の「現在」と日本語の「現在」は同じ「時」か？

✦大阪に住んでいます
（写真を見せながら説明）

英 This is my aunt. She lives in Osaka. She works at a hospital there. 〈コ 1-086〉

日 おばです。大阪に住んでいます。おばは、そこの病院で働いています。

これは、日本語の「〜ている」と、英語の現在進行形 be + ...ing が対応しない例です。

日本語は「住んでいる／働いている」のように「[住む／働く] + ている」の形で現在の継続状態を表現します。この例ですと、ある程度の期間、継続して「住んでいる」「働いている」ことが想像されます。つまり今、進行中のことも、ある期間継続している状態のことも「〜ている」で表現します。

いっぽう英語では現在の継続状態は現在形で表現します。実は live や work はどちらもそれ自体に「〜ている」という継続状態の意味が含まれている動詞（状態動詞といいます）としてこの例文では使われています。状態動詞は be + ...ing の形は取らず、「現在形」で表現します。

日本語の「〜ている」がすべて英語の現在進行形に対応するわけではないのです。

日本語の「〜ている」に引きずられて、×She is living .../×She is working ... と間違えないよう気を付けましょう。

第3章 時間のとらえ方の違いを知る

ちなみに、日本語で「大阪に住みます」「病院で働きます」と現在形を用いると、今はまだ「住んで／働いて」いないけれど、これから「住む／働く」つもりだという、未来について意思表示する表現となります。

☑ 習慣的な「〜ている」も英語では現在形で表現

日本語の「〜ている」が、英語の現在進行形ではなく、現在形と対応する別の例を見てみましょう。

1. **I'm a member of NOA (the Nippon Origami Association). I learn *origami* there every week.** 〈サ1-079'〉
   私は NOA（日本折紙協会）の会員です。
   毎週そこで折紙を習っています。
2. **This group studies orcas, dolphins, and whales.** 〈サ1-069'〉
   このグループはシャチとイルカとクジラを研究しています。

毎週の習い事や、長期間にわたる研究、どちらの例も習慣的な行為です。日本語では、こうした習慣的な行為も「〜ている」で表現します。

しかし、英語では習慣的行為は、現在進行形ではなく、現在形で表します。例文 1 では、毎週折紙の習い事に通う習慣が、現在形のままの learn で述べられています。例文 2 の study（studies）が現在形なのも、このグループが長期間にわたって鯨類の研究に取り組んでいるという習慣的行為を表すためです。

まとめ

日本語は「おばは大阪に住んでいる」のように「〜ている」という時間幅を示す形式によって長期間にわたり「住んでいる」ことや「働いている」状態を表す。いっぽう英語は She (= my aunt) lives in Osaka. のように、現在形の live 自体が継続状態を表しているので、現在形のまま用いる。

Lesson 20 とりあえず「今だけ〜している」は英語では現在進行形

✦今月はタイに出張中です
（鈴木さんは今だけタイに出張中、来月帰国予定）

英 Mr. Suzuki is working for the Thai branch of a Japanese company. 〈ト 2-061〉

日 鈴木さんは日本の会社のタイ支店で働いています。

設定はやや複雑ですが、日本の企業に勤める鈴木さんが、出張で今月だけタイ支店で働いています。普段は日本での勤務なのですが、今、一時的にタイで「働いている」という状況です。この例文では work が現在進行形の is working で使われています。

しかし Lesson 19 では、She works at a hospital.（病院で働いている）という、現在形の英文が登場しました。

同じ work を使っていますが、現在形と現在進行形で、意味はどう異なるのでしょうか。違いが分かるよう、意訳してみます。

① She works at a hospital in Osaka.
彼女は大阪の病院に常勤している。

② He is working for the Thai branch.
彼はタイ支店に一時出張している。

②の現在進行形は一時的な行為を示します。タイの支店で働くのは一時的だということが、is working から理解できるのです。ここで現在形の work(s) を使うと、継続的な状態の表現となり、タイ支店に長期間駐在している印象になります。

日本語では、①長期間の継続的な状態も、②短期間の一時的な行為も、同じ「働いている」で表現されます。日本語では文脈なしに「働いている」という語形だけ見ても、①継続的な勤務なのか、②一時的な勤務なのか、判断がつきません。

ところが英語では、①現在形（work）なら継続的、②現在進行形（be working）なら一時的な勤務であることが、語形を一目見ただけですぐ判断できるのです。

語法 ＋アルファ

継続状態と一時的動作の用法のある動詞

work は、①継続的な状態を示すいわゆる「状態動詞」としての用法と、②一時的な動作を示す「動作動詞」の両方の用法があります。通常、①の意味で現在形のまま用いられて継続状態を示しますが、②の意味で現在進行形を取ることもあります。

「状態動詞」「動作動詞」両方の用法がある動詞には work のほか、have、learn、taste、wear などがあります。

☑ wear も意味によって現在形と進行形の使い分ける

work と同じように、wear（着用する）も何を言いたいかによって、現在形と進行形を使い分けます。

1. **(a) She is wearing a cap.** 〈ク1-107〉 / **(b) She wears a cap.** 〈創作例〉
   彼女は帽子をかぶっています。

日本語の文は２通りの解釈ができます。ひとつは習慣的な状況で、「いつも帽子をかぶっている」という意味、もうひとつは一時的な状況で、「今日は帽子をかぶっている」という意味です。

英語では両者を次のように言い分けます。

(a) 一時的な場合は進行形を使う。

(b) 習慣的な場合は現在形を用いる。

ですから、野球選手が試合でいつも野球帽をかぶっている状況は Baseball players wear caps. 〈創作例〉と表現できます。

2. （迷子のアナウンスが流れる）
   A boy of five years old wearing a green sweater is looking for his mother. 〈サ3-072 ガイド3-110〉
   緑色のセーターを着ている５歳の男の子がお母さまを探しています。

wearing a green sweater は、その前の a boy (of five years old) を修飾しています。第１章で触れたように、関係代名詞 who と is が省略されています（Lesson 10 参照）。

迷子係が、迷子になった男の子の服装を wearing ... で説明しています。wear も継続的な状態を表す動詞ですが、進行形を使うことで、「今、目の前にいる迷子の男の子は、緑色のセーターを着た状態でいる」という一時的な状態を示します。

また文末の is looking for his mother. の現在進行形は、今、探している最中という意味になります。

なお、wear は、服に限らず、ズボン、スカート、靴、帽子、手袋など、身体に「着用する」もの全般に幅広く用いる動詞です。

☑ 着る「行為」を表す put on が進行形になると？

ところで、wear の類義語に put on がありますが意味は異なります。

現在進行形を用いた She is puting on Kimono.〈創作例〉は、どんな意味になるでしょうか？

wear の現在進行形にならうと「彼女は（今日だけ）きものを着ている」となりそうですが、違います。「彼女は（今）きものを着ている最中だ（着付け中だ）」です。

同じ「着る」でも put on は着る行為を表し、wear はその後の着た状態を表すのです。

日本語は、(1) 継続的な状態と、(2) 一時的な動作の区別に無頓着で、どちらも「〜ている」で表現します。英語は両者の区別に敏感で、(1) 現在形と (2) 現在進行形で区別し、場合によっては wear と put on のように動詞を使い分けるのです。

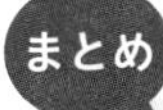

日本語の「働いている」は、(1) 会社などに日常的に勤務している状態と、(2) 今、仕事をしている最中の両方を示す。英語の work は状態を表す動詞で、現在形のままで日常的に勤務している状態を表す（日本語の (1) に相当）。work を進行形 be + ...ing で用いると「当面、一時的に、今だけ、今日だけ」そうしている、といった短い期間の行為を描写することになる。

さらにひとこと!

「ハエが飛んでいる」「アリが死んでいる」を英語でどう言う?

日本語は、日本人にとって空気のような、目に見えない透明な存在です。不可欠な存在にもかかわらず、普段その意味や用法について意識が及ぶことはありません。

例えば「ハエが飛んでいる」と「アリが死んでいる」という2文を比べてみましょう。どちらも「(○○が) ～ている」という形の短文です。日本人にとって文意は明瞭、あまりに単純な文なので、比較せよと言われても困るかと思います。

しかし「飛んでいる」と「死んでいる」の「～ている」は用法が異なります。「飛んでいる」は、今まさに進行中の行為を示します。

では「死んでいる」は?

これを現在進行中の行為とみなすのは、ちょっと考えれば変なことが分かります。「死んでいる」は、もうすでに「死んでいる」のです。つまり「死んだ」後の結果が継続している状態を示しています。

私達、日本人は普段こうした用法の違いを意識することはありません。しかし外国語として日本語を学ぶ英語話者なら「(1) ハエが飛んでいる」と「(2) アリが死んでいる」の違いを敏感に察知します。

2つの「～ている」は英語では、(1′) A fly is flying.、(2′) An ant is dead. と別の形式で表現しますので、違いがはっきりと意識しやすいのです。

逆に言うと、日本人には「飛んでいる」と「死んでいる」が同じように感じられるので、英語でも同じ表現形式を選ぶ危険性が高い、と考えられます。

「(1) ハエが飛んでいる」と (1′) A fly is flying. の場合は、どちらも現在進行している行為の用法で、日本語の「～ている」と英語の be + ...ing がうまく対応しているので問題ありません。

問題は「(2) アリが死んでいる」のほうです。こちらは「～ている」と be + ...ing が対応していません。英語では形容詞の (be) dead を使って継続した状態を表現します。しかし日本人は「～ている」の用法に引きずられ、動詞 die の進行形 (be) dying を誤って使い、(2″) An ant is dying. とやってしまいがちです。

では、(2″) An ant is dying. が、英文として間違っているかというと、そうではありません。これはこれで正しい表現です。ただこの文は「アリが死につつある (＝まだ生きている)」という意味になります。瀕死の状態です。

別の「死につつある」例を紹介しましょう。

A dolphin was lying on the beach. It was hurt and dying.

〈ク 3-049〉

イルカが砂浜に横たわっていた。傷ついて死に瀕していた。

このイルカは「×死んでいる」のでなく「○死にそう」なのです。まだ生きています。このイルカは後に回復し、元気に泳ぎ回るという感動的な物語 (実話) の冒頭部分です。

ちなみに日本のかなり広い地域では、be dying を「死による」、be dead を「死んどる」と言い分けることができます。東京から見ると方言ですが、東京弁より便利です。

第2節　未来のことを述べる

第２節では未来についてどう述べるかを考えます。日本語で未来のことを言うとき、例えば「～する予定です／～するつもりです／～するでしょう」などの表現が考えられます。また現在形の「～します」や「～です」で未来について語ることもよくします

英語も未来についてのさまざまな述べ方があります。日本語と発想を同じくする表現もあれば、日本人には使い分けを意識しにくい類似表現もあります。

Lesson 21　英語の未来は２タイプ　予定しているか、自分の意志か

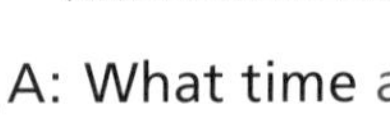

✦あした７時に起きます
（明朝の起床時間を確認する）

英 A: What time are you going to get up tomorrow morning?
B: I'm going to get up at seven. 〈ワ 2-012', 018'〉

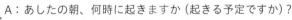

日 A：あしたの朝、何時に起きますか（起きる予定ですか）？
B：７時に起きます（起きる予定です）。

未来について言及する英語表現の代表的なものに、① be going to ... と、②助動詞 will ... があります。この２つは意味合いや使い方が異なります。

①be going to ... は、以前から決まっていた予定や計画に従ってこれから行動する場合に用います。それに対し、②will ... は、今考えついたことを、これからしようと決心した場合に用います。

いっぽう日本語で未来について言うときは、「あした7時に起きます」のように「〜します」で、予定あるいは意思を表現します。さらに計画性がなく突然、明朝7時起床を決意した場合も「あした7時に起きます」で表現できます。両者に区別はありません。

英語にするときは、①前からの予定がある場合か、②とっさに決心したことなのかを、よく吟味して表現を選ばなくてはなりません。

英語における2つの未来、①前からの予定がある be going to ... と、②とっさに決心した will ... の使い分けを教科書の用例で確認しましょう。

1. I'm going to go to the concert tonight. 〈サ3-050'〉
今晩コンサートに行きます（行く予定です）。

be going to ... が使われている例文です。

I will ... でなく、I'm going to ... と言っていることから、前々から今晩のコンサートに行く計画を立てていたという印象です。事前の計画性がうかがわれます。前売り券を持っている可能性が高そうです。

なお「これから映画見に行かない？」と誘われて「じゃ、そうしよう」という気持ちになったときには、I will ... になります。この場合、I'm going to ... は、前々から予定していた表現なので不適当です。

日本語では前々から予定していた場合（すでにチケットを持っているとき）も、ふと音楽を聞きたくなった場合（これから当日券を買うとき）も「今晩コンサートに行きます」と言います。どちらなのかは、この文だけでは判断できません。

2. Ⓐ **I'm going to visit Hokkaido this summer.**
Ⓑ **Oh, really? What cities are you going to visit?**
Ⓐ **Sapporo and Hakodate.**
Ⓑ **Great! What will you do there?**
Ⓐ **I'll eat soup curry in Sapporo and seafood curry in Hakodate.** 〈サ2-039〉

Ⓐ この夏は北海道に行く予定なんだ。
Ⓑ うわぁ、本当？　どこ（どの都市に）行くの？
Ⓐ 札幌と函館。
Ⓑ いいなぁ！　そこで何をするつもり？
Ⓐ 札幌でスープカレー、函館で海鮮カレーを食べよう（かな）。

この例文では be going to と will の両方が使われています。

この夏、北海道に行く A さん。すでに計画は具体化されていて、訪問先（札幌と函館）も決まっています。飛行機やホテルも予約済みかもしれません。会話の前半 2 行で be going to が使われていることから、計画の具体性がうかがわれます。以前から予定を立てていたことが、現在をへて未来へ向かって実現しそうなことを be going to は表現しているのです。

前半 2 行に対し、後半は、will を使ってやりとりしています。B の What will you do there? は「そこで何をする心づもりですか？」といった意味合いです。それに対して A も will で応じていますので、カレー三昧は、具体的な計画というより、心づもり（意向・希望・願望の類）であることが分かります。

3. A **May I use your computer?**

B **Sorry, I'm going to use it in the next class.** 〈ワ2-073〉

A （あなたの）コンピューター、使っていい？
B ごめん、次の授業で使う（予定）なんだ。

ここでは差し迫った未来の予定を be going to で表現しています。

この状況で B さんが be going to でなく、I'll use it ... のように will を使ったとすると、相手の A さんが気分を害しかねません。お前に使わせるくらいならオレが使うよと、今、思ったように、受け取られる危険があります。今、思いついた will に対し、be going to は前からの予定が現在をへて未来へと向かう表現なので、先約を理由に断るような状況に向いています。

第3章 時間のとらえ方の違いを知る

まとめ

日本語の「（あした私は）7 時に起きます」は、英語で、(1) I'm going to get up at seven. と、(2) I will get up at seven. の 2 通りに訳せる。(1) の be going to は以前から決まっていた予定どおりこれから行動していく場合、(2) の will は、今、決心してこれから行動していく場合に使われる。(1) be going to＝具体的な予定なのか、(2) will＝話し手の意向なのかを基準に使い分ける。

Lesson 22 ゆるぎない未来には英語も日本語も現在形が登場

✦あしたは暇です

英 A: Are you free tomorrow?
B: ① Yes, I'm free. / ② Sorry, I'm busy. 〈ホ 1-072, 073〉

日 A：あした暇ですか？
B：①ええ、暇です。／②すみません、忙しいです。

実現が確実な未来について英語では現在形を使います。例 B の①は、あす予定が何もなく、暇であることが確実なので、現在形を使って I'm (I am) free. と言い切っています。

ゆるぎない未来に現在形を使うのは実は、日本語も同じです。「あした暇ですか？―― ①はい、暇です。／②すみません、忙しいです。」という日本語の文末の 3 つの「です」が be 動詞に対応する形で、すべて現在形で言い切れるのです。

もう少し「ゆるぎない未来」に現在形を使う用例を見てみましょう。

1. I have a math test tomorrow, so I need to study hard.
〈ワ2-065〉

あす数学の試験があります。それで一生懸命勉強する必要があります。

2. Ⓐ **When's the next practice?**
Ⓑ **It's on Monday.**
Ⓐ **When does it start?**

B It starts at three thirty. 〈コ1-103〉

A 次の練習はいつですか？
B 月曜日です。
A いつ始まりますか？
B 3時半に始まります。

例文1のあすの試験も、例文2の次回の練習も、未来のことですが、すでに日程は確定しています。ゆるぎない未来ですので現在形で表現します。日本語も同じように現在形を使います。

「あす試験があるでしょう×」「月曜日でしょう×」「始まるでしょう×」とは言いません。「でしょう」で未来を表すと思われがちですが、それは誤りです。天気予報で「あしたは朝から雨でしょう」などよく聞きますが、これは単なる未来でなく、推測が含まれた未来表現です。

ですから「きょうは土曜日です。あしたは日曜日でしょう×」とは言えません。土曜日の翌日は日曜日に決まっています。確実な未来は「です」で言い切ります。

ところで、日本語では「次回の練習はいつでしょうか」と尋ねることもあります。ただ、この「でしょう」は未来の推測ではありません。この「〜でしょうか」は、直接的な「〜ですか」という直接的な物言いを避けるボカシ表現です。

まとめ

日本語の「忙しいです」は、(1) 今、忙しいという意味ばかりでなく、例えば、(2) あす忙しいという未来についても使える。つまり確実な未来のことは「〜です／〜ます」で表現できる。同様に、英語のI am ... は、現在の状態I am busy now. はもちろん、未来の状態I am busy tomorrow. にも使える。

Lesson 23 未来への自分の意志を示すほかに未来を推測する will もある

✦暑くなるでしょう

英 It will (It'll) be hot tomorrow. 〈ク 2-024〉

日 あしたは暑くなるでしょう。

明日の天気はどうなるか。未来のことを推測するときには will を使って表現することが多いです。

天候について述べる文は、it を主語に立てますので（Lesson 4 参照）、英文は It will be ... という形になります。この will には話し手の推測が含まれています。

will は本来、意思や信念を表す助動詞です。強い確信から未来を推測し予想する表現として用いられます。例文の will には、話し手の「きっとあしたは暑くなる！」という強い確信が込められた未来についての言及なのです。

1. **It'll be sunny and warm in Sendai tomorrow.** 〈コ2-029'〉
   あす仙台は晴れて暖かくなるでしょう。
2. **It will be rainy soon.** 〈サ2-038〉
   じきに雨が降りますよ。

sunny＝晴れた、日当たりのいい（形容詞）。
rainy＝雨の、雨降りの（形容詞）。It will rain soon. とも表現できる。

どちらの例文も強い確信を持って未来を推測する will の用例です。

willによって、話し手が確信する未来の予測が示されます。

日本語の「じきに雨が降る」は背後に「～と思う / と考える」などの心情が隠れています。そして英語の It will be rainy soon. も will に話し手の心情（確信）が含まれています。

ところで未来の天候については be going to を使っても表現できます。will を使った場合と意味やニュアンスはどう違うのでしょうか。

(1) It is going to rain soon.
　雨が近づいています。

(2) It will rain soon.
　こりゃ、ぜったい雨が降るな。間違いない。

（1）は実際に空が雨雲で覆われてきた、遠雷が聞こえるといった具体的な状況から「雨が近づいています」と言っている場面です。be going to を使った未来の推測は具体的な状況から判断して語る感じです。このままいくと雨になる、という話者の状況判断です。

(2) の will は話し手の強い確信を反映した表現で、日本語訳はそこをやや強調しています。話し手が強い確信を持って「雨が降る」という未来を推測しています。

3. Kenta won't (will not) come before ten. 〈ワ2-023〉
　健太は 10 時前には来ないでしょう。

この例文は話し手の心情、つまり強い確信が反映され、未来を推測する表現になっています。

話し手が「健太」についてどう考えているかが、won't (will not) の部分に表れています。健太が 10 時前に来るとは思えない、という話し手の心情・信念・確信が、未来の予測として機能しています。

おさらい英文法

未来の要点を再確認

(1) ゆるぎない未来は現在形で表わす。未来のことでも確実であれば、英語も日本語も「現在形」を用いる。英語＝現在形、日本語＝〜です／〜します。

(2) will は話し手の意思が反映される。話し手の意向や強固な確信を示すことで未来を表現する。話し手の意向「〜しようと思います／〜するつもりです」、強固な確信「〜でしょう」に相当。

(3) be going to 予定や計画が具体化していて、未来が見通せるような場合の表現。「〜する予定です」に当たる。

語法 +アルファ

現在と連続性がある be going to、連続性のない will

Lesson 21 で登場した be going to は「〜する予定だ、〜する手はずだ、〜することになっている」という具体性・確実性を伴った形での未来についての表現です。そもそも、X is going to Y. という文は、X が Y に行きつつある＝向かっている＝近づいている、という現在進行形の文です。現在の延長線上に未来を直結させた表現なのです。現在と未来がつながっています。

一方の will は 話し手が強い確信を持って未来を推測する表現ですが、あくまで、現在から未来を眺めた言い方なのです。be going to と異なり will には時間の連続性・結び付きがありません。

will はしばしば「未来形」と称されますが、正確さを欠く呼び方です。英語の動詞には現在形と過去形しかありません。未来のことを言いたいときは助動詞 will や現在進行形の be going to などを用いて表現しているのです。

日本語の「じきに雨が降る」は、その後ろ（その背後）に「と思う／と考えられる」などの心情（を示す表現）が隠れている。同様に英語の It will rain soon. も、will の部分に話し手の心情（確信）が含まれている。未来表現としての will は、話し手の意思を示す will を、未来への言及に転用した表現である。

さらにひとこと！

英語の現在形は習慣を、日本語の現在形は未来を語っている？

「現在形」が表現する内容は英語と日本語で違いがあります。

(1) Laura goes to university.

この文の「現在形」の goes は、どういう「時間」を表しているでしょうか。

現在形をそのまま日本語に訳せば「ローラは大学に行きます」ですが、正しくは「ローラは大学に行っています（通っています）」です。

英語の現在形は「習慣」を表現することが多く、そこが日本語の現在形の用法とは異なるのです。つまりここではローラが大学生だと言っているのです。

いっぽう日本語の現在形は、現在より「未来」と関係が深いです。

例えば、「A：高校を終えたら（卒業後は）どうしますか？ ― B：大学に行きます。」では、日本語は「現在形」で未来のことを述べています。現在形「（～し）ます」で多いのは、こういう未来への言及です。

英語で同じことを言いたいときは現在形でなく、I am going to go to university after finishing high school. のように be going to を使い、予定された確定的な未来として表現します。あるいは、I will go to university. のように will を用いて、大学進学の意思を表明します（Lesson 21 参照）。

以上の説明を整理すると次のようにまとめられます。まず図の左半分だけ、ご覧ください。

大学に行っています。 = I go to university. 現在

↓≠↑ ↓≠↑

I am going to go to university. = 大学に行きます。 未来

左半分の、日本語と英語を見比べましょう。日本語の「行っている」と英語の be (am) going to go は、字面の上で表現が対応しています。しかし「時間」は一致していません。日本語の「行っている」は現在のこと、英語の be (am) going to go は未来のことを述べる形です。

では次に左右を見比べます。まず上の行からです。左の日本語「行っている」と右の英語 go は、形は対応していませんが、どちらも現在の習慣を述べています。ですから「時間」に関しては「行っている」=「go」という関係が成り立ちます。下の行の左右についても「be (am) going to go」=「行く」となります。

第3節 過去と現在と「現在完了」が表す時間

中学英語では、動詞の過去形を学んだ後に「現在完了」という時制の表現を習います。日本語でも動詞に過去形がありますので、それはいいとして、問題は現在完了形です。現代の日本語には、英語の現在完了形にぴったり合う文法形式がないので、現在完了の時間感覚を実感するのが難しいのです。かつては日本語にも完了を示す文法形式があり、今よりずっと豊かな時間感覚を持っていました。現代の日本人に失われた「時」を求めて、英語を学んでいきましょう。

Lesson 24 待望の事態到来のとき、日本語は過去形、英語は現在形

✦あっ、来た
（バンドの練習にメンバーの C＝ティナが遅刻した）

英
A: Let's start.
B: No. We can't start. Tina isn't here yet.
A: Oh, here she is.
C: Sorry I'm late. 〈コ 1-098〉

日
A：さあ始めよう。
B：いや、始められないよ。ティナがまだいない。
A：あっ、来た。
C：ごめんなさい、遅くなりました。

英語の現在形と日本語の過去形の関係について考えていきます。待ち人が登場する状況で、日本語は「あっ、来た」と普通、過去形を用います。いっぽう、英語ではこういう場合、例文の Here she is. や、Here she comes. のように、現在形で表現します。ここに日本語と英語の「時（間）」の捉え方の違いが表れています。

英語の過去形は、現在と切り離された、文字通り過ぎ去った出来事を表現する形です。今ここに当人（she）がいる以上、過去形は使えません。She is here. と言うしかありません。例文の Here she is. は、She is here. の倒置です。

英語は、眼前の現実世界を（例文ではティナが現れたという現実を）、そのまま素直に現在形で表現します。

それに対して日本語はなぜ過去形になるのでしょうか。待ちかねた電車が遅れてホームに到着するとき「（やっと）来た（か）」という心境になります。まだか、まだか、という（脳内世界の）気持ちが募るほど、電車を目にしたときの「来たっ！」という思いも高まります。「あっ、来た」は、目の前の現実世界と、頭の中の概念世界を結び付けて完結させる表現と考えられます。

☑「気付きの"〜た"形」は過去ではない

「電車が来た」の「〜た」は、形としては過去ですが、電車の到着に「気付いた」ことを表わす形であって、現実世界の正確な「時（間）」を表わすものではありません。日本語教育の世界では「気付きの"〜た"形」などとも呼ばれています。

英語の現在形と、日本語の「〜た」形による「時（間）」のとらえ方のズレは、次のような身体感覚の表現にも見ることができます。

I am hungry.	I am thirsty.	I am tired.	現在形
おなかが空いた。	喉が渇いた。	疲れた。	「た」形

待ちかねた事態が到来し、現実のものになったとき、日本語では形式上「〜た」を使って表現します。これを英語では Here comes the train. のように現在形で表現します。英語では現在形こそが、目の前に電車が今あることを表現できる最適の語形なのです。

さて、待望の事態が到来したときの事例をもう少し教科書の会話文から抜き出してみます。

1. Ⓐ **By the way, where is Aya?**
Ⓑ **I don't know. She's late.**（中略）
Ⓐ **Hey, she's here!**
Ⓒ **Hi, everybody. Sorry I'm late.** 〈コ2-112, 114, 116〉

Ⓐ ところで、アヤはどこ？
Ⓑ 分からない（けど）、遅いね。（中略）
Ⓐ おっ、来たぞ！
Ⓒ やぁ、みんな。ごめんね、遅れて。

空港に友人を見送りに来た場面です。ひとりアヤ（= C）が遅刻しました。A の「おっ、来たぞ！」も、英語では Hey, she's (she is) here! のように目に映った現実の世界を現在形でそのまま描写します。

2. Ⓐ **Here we are at Kyoto Station!**
Ⓑ **I've wanted to come to Kyoto for a long time!**
Ⓐ **Me, too.** 〈ワ3-016'〉

Ⓐ さあ、京都駅に着いたよ！

Ⓑ ずっと京都に来たかったんだ！
Ⓐ 私も。

修学旅行で、新幹線が京都駅に到着する場面です。BとAが言うように、京都は待望の地でした。日本語では「(京都駅に) 着いた」と表現しますが、英語では Here we are ... と現在形を使います。今まさに京都駅にいる、といった感じです。

なお、Bの英文は現在完了形を使っていますが、この用法については次の Lesson 25 で説明します。

3. Ⓐ **We're finally here. This is Dogo Onsen.**
Ⓑ **I love hot springs!** 〈ワ2-050〉

Ⓐ ついに来ました。道後温泉です。
Ⓑ 温泉、大好き！

広島から自転車で「しまなみ海道」を渡り、最終目的地、四国・愛媛の道後温泉に到着した場面です。それまでの長旅を思うと、日本語では「～た」形を使って「やっと、たどり着いたか」という感慨深い心境になります。が、英語では we are here と現在の状況を、現在形でそのまま客観的に描写します。

まとめ

(1) 待っていた人が「来た」とか、(2)「やっと着いた」というように、日本語は待望していた状況が完結したことを（心情に照らして）「～た」形で表現する。いっぽう英語は、(1)Here she is./Here she comes. とか、(2) Here we are./We are here. のように現在形を用いて、目の前の現実をそのまま客観的に描写する。

さらにひとこと！

「疲れています」と「疲れました」の気持ちの違いとは

米国人のスミスさんと富士登山に出かけた思ってください。ふだん運動不足のスミスさんはバテ気味です。あなたはスミスさんを気づかって声をかけました。

あなた：スミスさん、疲れていませんか。だいじょうぶですか。

スミス：ええ、ちょっと疲れています。休んでもいいですか。

ふつう、こういうとき日本人なら「疲れました」と言うでしょう。理屈から言えば「疲れています」のほうが現状を正しく伝えているはずです。ではなぜ、スミスさんの日本語に、引っかかりを覚えるのでしょうか。

例えば、マラソンの実況中継で「トップを追うスミス選手、ちょっと疲れています」とアナウンサーが言えば客観的な感じがします。これを「…、ちょっと疲れました」に変えると、アナウンサーが感情移入をして、選手の気持ちを代弁したような印象を受けます。

個人の感覚がとらえた気付きや発見が、このような「〜ました」に込められているためです。

スミスさんの「疲れています」というのは、自分のことなのになんだか他人事のようで、実感が伴っていない言葉に感じられてしまいます。「喉が渇いています」もやはり他人事のようです。

逆に、私達が英語を使うとき注意したいのは、日本語の「〜た」に惑わされて、×I was hungry./ ×I was thirsty./ ×I was tired. のように、英語まで過去形にしないことです。これはこれで正しい英文ですが、今のことではなくなります。「先ほどは／さっきまで〜だった（けど今は大丈夫）」と誤解されます。「ああ、疲れた」という今の状態を言いたいときは ×I was very tired. ではなく、○I am very tired. と言います。

Lesson 25 「ずっと～している」に～ingは使わない

✦何年も住んでいます

英 Miki has lived in this town for many years. 〈ク 3-012'〉

日 ミキはこの町に何年も住んでいます。

「何年もずっと住み続けている」という過去から現在にいたる継続した状態を示すとき、日本語は「～ている（～でいる）」を用います。いま現在、進行中の「電話が鳴っている」と同じ形です。

しかし、それ自体が継続を表す動詞 live に現在進行形は使いません。「住んでいる」という現在の状態は現在形 live で表します（Lesson 19 参照）。そして何年も続いていることには現在完了形を用いて、過去から現在にいたる継続状態を表現します。

英語は日本語よりも時間の切り取り方が細かく分かれています。動詞 live（住む、住んでいる）を例に、時間の切り取り方を見てみましょう。

(1) 現在形	I live in Tokyo.	今東京に住んでいる。
(2) 過去形	I lived in Tokyo.	かつて東京に住んでいた（＝もう住んでいない）。
(3) 現在完了形	I have lived in Tokyo.	（以前から現在まで）ずっと東京に住み続けている。

現代の日本語には、(1) と (2) はともかく、(3) の現在完了形にぴっ

たり合う文法形式が存在しませんので、(3) の時間感覚をつかみにくい傾向にあります。和訳するとなると、(1) も (3) も「住む」に「〜ている」を付けて「住んでいる」とするしかありません。(3) の時間感覚を表現するには「住んでいる」の前に「ずっと」を付け足すとか「住み続けている」のように言葉を補うなど、補助的な説明を加えることになり、どうしても説明がましい冗長な日本語になってしまいます。

日本語では「〜ている」というひとつの表現がさまざまな時間感覚を兼務しています。「〜ている」が過重に意味を抱え込んでいるのです。どんな語句もそうですが、「〜ている」のような多義的な表現は、文脈がないことには意味が定まらないのです。

おさらい英文法

現在完了形
現在完了形は「助動詞の have」と「動詞の過去分詞」を組み合わせた形。規則変化する動詞は have/has + ...ed という形をとる。おもに、①継続を示す用法（Lesson 25, 26）、②完了の用法（Lesson 27）、③経験の用法（Lesson 28）がある。

☑ 過去形と現在完了形の時間の切り取りかたの違い

次の、（ア）過去形 lived と、（イ）現在完了形 have lived を見比べながら、英語の時間の切り取り方について再確認しましょう。

◀過去　　現在▼

（ア）I lived in Sendai for five years.　1 2 3 4 5 × ×　過去形

（イ）I have lived in Sendai for five years.　1 2 3 4 5　現在完了形

〈サ 3-023〉

（ア）も（イ）も仙台の居住期間は５年で同じなのですが、その時期（図の「1～5」年間の部分）がズレていることに注目してください。

（ア）過去形 lived の５年間は「現在」まで繋がらずに「過去」のある時点で途切れています。（ア）の仙台の５年間は「現在」と切り離された５年間です。このように過去形は「現在」との隔絶を示す文法形態です。

いっぽう（イ）現在完了形 have lived では、時間の流れが「現在」まで繋がっています。仙台での５年間は今も続いているのです。現在完了形は「現在」とつながった時間の流れです。

第２章では万能動詞 have が「所有」を中心とした幅広い用法を持つことを学びました。それに対して現在完了形で使われる助動詞としての have は「持つ／持っている」という語彙的な意味を失っているように見えるかもしれません。しかし（イ）現在完了の助動詞 have にも「持っている」という本来の意味が生きています。

上の例文（イ）は「I live in Sendai.」＝「仙台居住」状態を、現在まで５年間ずっと「持っている」ということです。過去から続くことを現在も「所有（have）」する形で、今にいたる持続する時間の流れを言い表すのが現在完了形「have + ...ed」だといえます。

今にいたる「継続した行動・状況」を現在完了形でどのように表現しているか。もう少し教科書の用例を見てみましょう。

1. **We have known each other for a long time.** 〈ト3-055〉
私達は知り合って久しいです。

2. **I've wanted to come to Kyoto for a long time!** 〈ワ3-016'〉
ずっと京都に来たかったです！

3. **I haven't seen him for a long time.** 〈ト3-055〉
ずっと彼に会っていません。

4. **They have been good friends for many years.** 〈サ3-022〉
彼らは長年いい友達で（いま）す。

5. **I have kept a diary for seven years.** 〈ワ3-017'〉
7年間、日記を付けています。

どの例も文の後半に、継続の期間を示す for ... が含まれています。例文1～3は決まり文句の for a long time が、例文4～5は for ... years があることによって、継続であることがより明確になります。例文4の主観的な for many years にしろ、例文5の具体的な for seven years にしろ、過去から現在まで何かが連綿と継続したことを現在完了形が表現しています。

まとめ

「5年間（ずっと）仙台に住んでいる（住み続けている）」は、I have lived in Sendai for five years. となる。英語の現在完了形（have + ...ed）は、過去から現在に連なる時間の継続を表現する。この have + ...ed という形式には、過去（...ed）と現在（have）が同居しており、過去のことを現在も「所有（have）」する形で、今にいたる持続した時間の流れを言い表している。

Lesson 26 現在完了で質問するときの疑問文をおさらい

✦日本は長いんですか

英 A: Have you lived in Japan for a long time?
B: No, I haven't. I came from France last year.

〈ワ 3-018〉

日 A：日本は長いんですか？
B：いいえ。去年フランスから来ました。

「日本は長いんですか」は日本に暮らす外国人の方がよく尋ねられる質問でしょう。詳しく言えば、この文は「日本にもう長い期間住んでいますか」という意味で、過去から現在までの継続について問う文です。

日本語は、平叙文の最後に「〜か？」を付け加えるだけで、簡単に疑問文が作れます。「(私の国は) フランスです」の文末に「か？」を付ければ、疑問文「(あなたのお国は) フランスですか？」に早変わりします。いたってシンプルです。

現在完了形を使った英文を疑問文にするのもシンプルです。文中の havc を文頭に出す (移動する) だけです。ほかに何も必要ありません。

おさらい英文法

現在完了の疑問文（Yes/No 疑問文）
現在完了の疑問文は「Have＋主語＋過去分詞～？」の語順となる
平叙文：You have lived here for a long time.
（ここに長く住んでいますね）
疑問文：Have you lived here for a long time?
（ここにはもう長い期間住んでいますか？）
普通の疑問文（例．Do you have a pen?）のように、do を文頭に付け足して、×Do you have lived … と始めたくなるかもしれないが、これは間違い。

☑ 滞在期間を現在完了形で質問するには？

次に、具体的に滞日期間を尋ねる場合の現在完了の疑問文「How long ...?」を紹介しましょう。各例の微妙な違いにご注意ください。

1. A **How long have you lived in Japan?**
B **I have lived in Japan for a year.** 〈ワ3-018〉

A 日本にどれくらい住んでいますか。
B 1年間住んでいます。

2. A **How long have you been in Japan?**
B **I've been here for a year.** 〈コ3-020〉

A 日本にどれくらいいますか。
B 1年間います。

3. A **How long have you been in Japan?**
B **I've been here for four days.** 〈ト3-039〉

Ⓐ 日本にどれくらいいますか。
Ⓑ 4日間います。

例文1〜3の違いは、lived が been に入れ替わっているだけです。意味も「だいたい同じ」ですが、have been は長い滞在（例文2）にも短い滞在（例文3）にも使え、have lived は、ある程度の期間にわたって「住んでいる」ことが前提となります（例文1）。

まとめ

日本語の「(あなたは) ここに長く住んでいます」を疑問文にするには、文末にただ「〜か」を付け加える。英語の You have lived here for a long time. を疑問文にするには、助動詞の have を文頭に出して Have you lived here for a long time? と語順を転換する。

Lesson 27 過去から継続してきたことが完了したときの英語の表現

✦やっと終わった

英
A: Have you finished your homework yet?
B: Yes, I have. How about you?
A: I haven't finished mine yet. 〈サ 3-021〉

日
A：宿題もう終わった？
B：うん（やっと）終わった。君は？
A：まだ終ってない（んだ）。

例文は中学生2人が電話で、宿題の進み具合についてやりとりをしている場面です。日本語では「終わった」という過去形で訳すしかありません。英語でもただの過去形で Did you finish ...? と尋ね I finished と答えることも可能です。

ただし、過去形と過去完了形とでは、ニュアンス・意味合いがかなり違います。現在完了形 I have finished my homework. を用いることによって、ずっと取り組んできた宿題を今、やっとやり終えた感じが伝わります。

現在完了形は、過去から現在までの継続を表現します。そしてその名前のとおり、過去から継続していたことが、現在、完了した＝今、終わった（ばかりだ）という感覚にピッタリの形です。

この表現は「今」とつながっているのです。いっぽう過去形は、過去のある時点の話であって「今」とは、つながりません。

AとBの最初の会話をただの過去形に変えると、宿題を終えたかどうかを淡々と聞き、終えたことを淡々と報告する感じになります。現在と切り離された会話であり、単に「宿題を終えた」か否かの事実確認をした印象を受けるでしょう。

なお、Aの「宿題がまだ終わっていない」という英文は、過去形で聞かれても現在完了形で聞かれても、答えは現在完了形になります。ただの過去形 I did not finish ... では、過去に宿題を「終えなかった」つまり中途半端で放り出したことになり、Aの言いたい「取り組んでいるがまだ終わりにいたらない」という意味を表現できません。

今まで宿題に取り組んできていて、現時点でも宿題と格闘中で、あとしばらく時間がかかりそうなことを伝えるために、現在完了形を用いて、I haven't finished mine yet. と表現する必要があるのです。

おさらい英文法

現在完了の問答

Have ～で始まる現在完了の疑問文への答えは Yes, I have./No, I haven't. の形となる。

A : Have you already had breakfast?

B : Yes, I have. ⇔ No, I haven't. 〈コ 3-021〉

A : もう朝ごはんを食べましたか？

B : はい、食べました。⇔ いいえ、まだです。

☑ 今につながっている現在完了形のニュアンス

過去から現在におよぶ行為が、今ちょうど終わった（⇔まだ終わっていない）ことを表現する現在完了形の用例を、教科書から抜き出してみます。

1. **I have just finished lunch.** 〈ク 3-024〉
   ちょうどお昼ごはんが終わったところです。
2. **I haven't finished reading the book yet.** 〈ワ 3-022'〉
   まだその本を読み終えていません。
3. **I've just come back from (a trip to) Kamikochi in Nagano.** 〈コ 3-019〉
   長野の上高地（への旅）から帰ったばかりです。

過去から現在におよぶ行為の完了は、日本語では「（もう／ちょうど）～した」といい、また未完了は「（まだ）～していない」となります。

例文 2 の I haven't finished reading the book yet.（まだ～読み終えていない）については、これから続きを読むつもりだ、という含意を汲み取らないといけません。

第3章 時間のとらえ方の違いを知る

例文３の現在完了形からは「今、上高地から戻ったところだ」というニュアンスが読み取れます。ところがこれを、ただの過去形の文 I came back from Kamikochi. に変えると「今〜したところだ」という含みも消えてしまいます。

次のように意訳し分けると、現在完了形と過去形のニュアンスの差を実感しやすくなるかと思います。

(1) 完了形　I have come back from Kamikochi.
上高地から帰ってきました。

(2) 過去形　I came back from Kamikochi.
上高地から帰りました。

(1) の現在完了形は have が過去と現在をつないでいます。それに対し (2) の過去形は現在と途切れた文法形態です。そのニュアンス差を「(1) 帰ってきた」と「(2) 帰った」で意訳し分けてみました。「帰ってきた」も「帰った」も旅をした事実は同じですが、「てくる」が挟まることによって、上高地から帰着した事実が、この文を話している現時点と関係づけられます。「(1) ただいま帰ってきました」とか「行ってきました」と言われると、思わず「で、どうでした？」と問い返したくなりませんか。ただの「(2) 帰りました」だと「あ、そう」で終わってしまいそうです。

まとめ

現在完了形は「現在」とつながる形で「過去」に言及する。「完了」の用法は過去から継続していたことが、現在、完了した＝今、終わった（ばかりだ）という表現。現在とつながっていることで余韻や話者の思いなどが伝わる。

Lesson 28 過去から現在への時間の流れの中で経験を語る

✦行ったことがあります

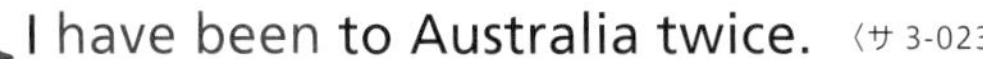

英 I have been to Australia twice. 〈サ 3-023〉

日 オーストラリアへ２度行ったことがあります。

「～したことがある」という「経験」を語るときも、英語は現在完了形を使います。

日本語では、継続の「～ている」と、経験の「～したことがある」は、別の言い方をしますが、英語はどちらも現在完了形を用います。

現在完了という形が「経験」をどのような時間感覚でとらえているのか、次の図をご覧ください。

過去　　　　　現在

I have been to Australia twice.　　1　　2

⇒ 時間の流れ ⇒

英文を直訳調の日本語にすると「オーストラリアにいた（行った）経験を私は（これまでに）２度持っている」となります。

「先月、オーストラリアへ行きました」という過去の事実を伝えるだけなら、例えばI went to Australia last month. など、過去形を用いれば十分です。

過去のwentを用いて「行った」事実だけを述べるのと異なり、現在完了形は、過去から現在までの時間の流れの中に２度（twice）

のオーストラリア訪問（図の「1」と「2」の部分）を位置づけることによって「行ったことがある」経験を表現するのです。

時間の流れの中に「経験」を位置づける現在完了形の用例を教科書から抜き出してみましょう。

1. **I have been to Hokkaido before.** 〈ワ3-025〉
   以前、北海道に行ったことがあります。
2. **I've visited Kyoto four times.** 〈サ3-018'〉
   これまでに4回、京都を訪れました。
3. **I have seen the movie three times.** 〈ト3-056〉
   その映画は3回見ています。

例文1は、回数は不明ですが、少なくとも1度は北海道の地を踏んでいます。もし何回行ったのか詳しく知りたいなら、How many times have you been there? 〈コ3-027〉と問うといいでしょう。問われた相手は、I've been there［once（1回）／twice（2回）／three times（3回）／four times（4回）／... times（…回）／several times（数回）／many times（何回も）］. 〈コ3-027'〉などと答えてくれるはずです。

例文2の日本語訳「訪れました」は「ことがある」を伴っていませんが「経験」であることが文脈から判断できます。

例文3は「見ています」と訳すことで、現在完了形 have seen がもつ「経験」の意味合いを出してみました。日本語で「経験」がいつも「～したことがある」と表現されるわけではありません。「（すでに）～ている」で「経験」を表すことも珍しくありません。

また日本語が「見ました」であっても、過去形 I saw ... より、現在完了形 I have seen ... のほうがふさわしい場合もあります。

日本語から英語を発想するときは、単に事実だけ伝えたいのか、あるいは、それを「経験」として現在と結び付け、話を展開したいのか、よく考える必要があります。

まとめ

現在完了形 have + ...ed には、①継続と②完了に加え、③「〜したことがある」という経験の用法もある。日本語で「経験」は「〜したことがある」以外に、「〜ている」などでも表現される。「〜ている」は用法が広いので、日本語から英文を発想するときは、どんな「〜ている」なのか、よく吟味すること。

さらにひとこと！

かつて日本語にも完了形があった

現代の日本語には、現在完了形 I have finished ... に当たる文法形式がないので、過去形 I finished ... との違いを感じ取りにくくなってしまいました。しかし日本語にも、かつては完了を示す文法形式がありました。完了の助動詞「つ」や「ぬ」などです。

例えば森鷗外の文壇デビュー作『舞姫』は、船出を待つ場面から始まりますが、小説は「石炭をば早(は)や積み果てつ。…」という印象的な一文で幕が開きます。この「つ」を、ある英訳は They have finished loading the coal, ... のように現在完了形を用いています(注1)。they を主語に補って文を組み立てている点も英語らしいところです。さらに、ある現代語版を見ると「石炭の積み込み作業はもう終わってしまった。…」というように、ただの過去形「終わった」と異なる含みを持たせる工夫をしています(注2)。

現在この「～つ」は、「行きつ戻りつ」や「さしつさされつ」など定型表現の中に、かろうじて化石のように残存する程度です。

いずれにしても、文語（古文）なら、英語の時間感覚に合う表現形式の選択幅が広がります。古文といっても、何も大昔の話ではありません。森鷗外の『舞姫』や、唱歌「夏は来ぬ」は明治後半、堀辰雄の『風立ちぬ』は戦前の発表です。『風立ちぬ』は *The Wind Has Risen* と題されて英訳が出ています(注3)。

また、クリスマス曲の定番「もろびとこぞりて」の繰り返し部分「主は来ませり」に相当する英語は the Lord has come です（ただし実際の歌詞は 18 世紀の古い言い方で the Lord is come）。

このように文語であれば「つ／ぬ／り」などの表現を用いて、英語の現在完了が表す「時」の感覚が把握できたのです。しかも「つ／ぬ／り」などは、それぞれ用途が異なっていて、細かな言い分けが可能でした。

ひょっとすると森鷗外は若いころ、I have finished my homework.

の下に「われ宿題をば早ややり果てつ」と和訳を書き入れながら英語を学んでいたかもしれません。

（注1） Richard Bowring 英訳、上智大学『*Monumenta Nipponica*（モニュメンタ・ニポニカ）』第30巻2号〈https://www.jstor.org/stable/2383840〉より。

（注2） 武田友宏（現代語版通釈文）角川書店編『鷗外の「舞姫」』角川ソフィア文庫144 ビギナーズ・クラシックス近代文学編より。

（注3） Francis B. Tenny 英訳、コロンビア大学出版『*The Columbia Anthology of Modern Japanese Literature Volume 1: From Restoration to Occupation, 1868-1945*』所収。

第4章

英語と日本語のものの見え方

日本語とは異なる英語の「ものの見方」に踏み込む

４章では英語的なものの見え方について考えていきます。そして日本語と異なる、別の発想をする人々（英語話者）が暮らす、もうひとつの世界に踏み込んでいく練習をします。

日本語と英語の表現方法が異なるのは、日本語話者と英語話者の世界の見え方が違うからだ、という主張があります。同じものを目にしても、人によって解釈が異なることがよくあります。一目瞭然、見れば分かる、とは限らないのです。

下のサイコロのような正立方体の透視図をご覧ください。左下のようにも、また右下のようにも見ることができます。おそらく左下のように見える人が多いのではないかと思います。どちらが先に見えたとしても、視点を変えて別の角度から、もう一方の見方で透視図を捉え直すことは可能です。ただ、初めに見えたのと違う、もうひとつの見方をするには、意識の切り替え、ちょっとした努力を要します。

日本人が英語の発想法に切り替えるには努力と習熟を要します。同様に英語話者が日本語を学ぶときも、日本語的なものの見方の理解にはしばしば難儀します。外国語を学ぶとは、意識を切り替えて、別の発想をする、もうひとつの世界に踏み込んでいく練習でもあるのです。

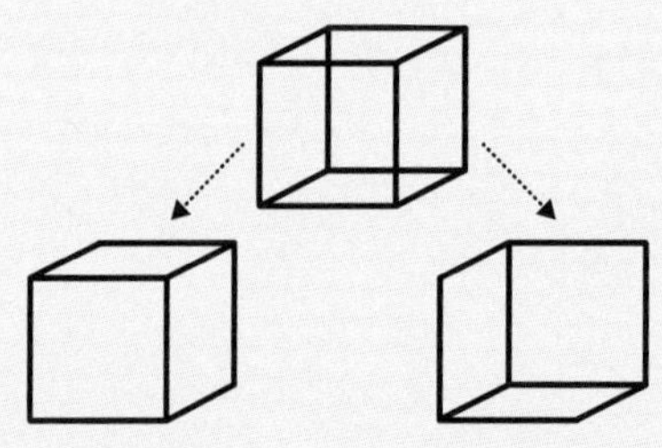

第1節 授受表現における日本語と英語の方向感覚

第 1 節では、日本語と英語の授受表現を比較しながら学びます。

授受表現に限れば、英語はたいへんシンプルです。(1)「授」=「授ける」に当たる give と、(2)「受」=「受ける」に当たる get（あるいは receive など）の動詞を使い、誰がしているかという方向性を客観的に述べるだけです。

しかし日本語はいわゆる「やりもらい」表現である、(1)授の「やる（あげる）」と (2) 受の「もらう」のほかに、もうひとつ授の表現に (3)「くれる」が加わります。しかも「やる／もらう／くれる」は敬意表現「さしあげる／いただく／くださる」とも対応していてたいへん複雑です。

英語話者が日本語の授受表現を学ぶのに比べれば、日本人が英語の授受表現を学ぶほうがずっと楽です。気を付けるポイントは、日本語の込み入った表現に引っ張られて、難しく考えすぎないことです。

Lesson 29 「あげる」も「くれる」も「さしあげる」も「くださる」も英語では give で表現

✦カメラをくれました

英 My grandfather gave me a camera. 〈ク 1-125'〉

日 祖父がカメラをくれました。

英語の「授受表現」はシンプルで客観的です。ここでは「授」=

「授ける」表現を見ていきますが、英語ではモノを授ける側を主語にgiveを使って表現します。例文のように祖父が私にカメラをプレゼントしてくれた場合なら、祖父を主語に立て、giveを動詞として「授」を表現します。いい意味で単純です。

日本語の代表的な「授ける」動詞は「あげる（やる）」ですが、そのほか例文の「くれる」などの表現もあります。日本語では受け取る側が誰かによって「あげる」か「くれる」か表現が変わります。「くれる」は例文のように受け取る側が話し手（＋話し手の身内）の場合に限って使う表現で、それ以外は「あげる」が使われます（詳しくはp. 135「語法＋アルファ」で後述）。ふだん無意識に使っている「やりもらい」表現の複雑さに驚かれるのではないでしょうか。しかし英語では非常にシンプルです。受け取る側が誰であるかに関係なく「授ける」= giveと表現すると覚えておきましょう。

☑ 日本語は関係性によって「授」の動詞が変わるが、英語は変わらない

「授受」の「授」に関し、日本語と英語の表現方法の差異に注意しつつ、教科書の用例を見ていきましょう。

1. Ms. Brown gave us some flowers. 〈コ2-094〉
ブラウン先生が（私達に）花をくださいました。

| 花はsome flowersがa flowerよりも常識的にいって妥当。

「くださる」は「くれる」の敬意表現で目上の人から受けた恩恵の意識が反映されています。しかし英語は上下関係にあまり頓着しないので、特に丁寧な言い方はしません。英語ではブラウン先生が

おさらい英文法

第 4 文型を作る give

他動詞 give は第 4 文型（SVOO）で「授ける」表現に使われる。「主語＋give＋ヒト＋モノ」の形で「ヒト＝誰に」と「モノ＝何を」の 2 つの目的語をとる。「ヒト」と「モノ」を入れ替え「主語＋give＋モノ＋to ヒト」という形（第 3 文型 SVO＋to ヒト）とすることもできる。「モノ」を際立たせたければ第 4 文型「主語＋give＋ヒト＋モノ」を、「ヒト」を際立たせたければ第 3 文型「主語＋give＋モノ」＋ to ヒトを選ぶとよい。文末の語は印象に残りやすい。

我々に花を「与える give」と事態を客観的に捉えます。

2. We gave Ms. Brown some flowers.

私達はブラウン先生に花をさしあげました。

逆に私達（生徒）が先生に花を贈った場合の英文です。日本語と英語を比較してみましょう。

日本語は授ける動詞「あげる」が、目下から目上への敬意を示す動詞「さしあげる」へと変わります。しかし英語は相変わらず gave（< give）のままで OK です。

「授ける」人と「受け取る」人との関係で「くださる」「さしあげる」と「授受表現」が変わる日本語に対して、英語では関係性にかかわらず客観的にあっさり「与える give」と言い切ります。英語のほうが気遣いも気疲れもなくて楽です。

3. Give me another chance to try. 〈ワ2-063〉

もう一度（私に）挑戦するチャンスをください。

Give me ... という依頼の表現は、日本人にも使いやすい用法でしょう。Give me ... のままだと命令文で「お願い」をする感じではないので、文頭に Please を付けるか、文末に ..., please. を付けたほうが穏やかな表現になります。

4. My mother gave me this bag for my fifteenth birthday, so I have used it for ten years. 〈ク3-013'〉

15 歳の誕生日（のため）に母がこの鞄をくれましたので、
もう 10 年間（これを）使い続けています。

for my birthday は「誕生日のために」。日にちに注目して「誕生日に」と言いたいなら on my birthday となる。

英語の My mother game me this bag ... という、第三者から見たような客観的表現が、日本語では「母がこの鞄をくれた」と私（＝話し手）目線の主観的表現になります。後半の I have used it ... は現在完了形（Lesson 25 参照）を用いてかれこれ 10 年にわたり今日までずっと鞄を使っている継続状態が表現されています。

まとめ

授受表現の「授」について、日本語は受け取る側が誰かによって「あげる／やる（受け取り手が話し手以外）」か「くれる（受け取り手が話し手／その身内）」を用いる。またそれぞれ授ける人と受ける人の関係で敬意表現「さしあげる」「くださる」が用いられる。いっぽう英語の「授」の代表的動詞は give で、受け取る側が誰であろうと関係なく give を用いる。なお give に当たる客観的な日本語は「与える」である。

Lesson 30 get と receive 「もらう」が持つ２つの側面

✦絵葉書をもらいました

I got a postcard from Kenya. 〈ク 3-058'〉

日 ケニアから絵葉書をもらいました。

「授受表現」の「受」のほうに視点を移して、日本語と英語の言い方を比較しましょう。日本語では「もらう（もらいます）」が基本的な表現で、その敬語は「いただく（いただきます）」になります。

英語ではいくつか動詞が考えられますが、代表的なのが get です。give（与える）と get（得る）が授受表現の対をなします。

「受」は get のほか receive（受け取る）でも言い表せます。get と receive は、ほぼ同じ状況で使えますが、ニュアンスがやや異なります。

receive は消極的な「もらう」です。つまり相手の投げたボールをただ receive するような待ち受け姿勢の「もらう」です。例えば、次のように用います。

1. **I've just received a letter from my friend Ken.** 〈サ3-017〉
   たった今、友だちのケンから手紙をもらいました。
2. **This is the letter that I received yesterday.** 〈ク3-058〉
   これが昨日もらった手紙です。

手紙は、相手から送られてこないことには、手にすることができません。受動的に手紙を受け取ったのでreceiveが使われています。

getには、①receiveと同じ非能動的で消極的な用法と、②自分から働きかける意図的で積極的な用法があります。get a cold（風邪をひく）などは、①非能動的なgetです。もうひとつgetには、②自ら望んで積極的に「手に入れる」「得る」という能動的な側面もあります。

getがもつ①②両側面を教科書の用例で探ってみましょう。

3. He got a mystery card. 〈ホ3-100'〉

彼は謎めいたカードをもらいました。

4. *Tet Trung Thu* is the festival Vietnamese children enjoy most.

Children go from house to house and do a lion dance.

At each house, they get lucky money. 〈ワ3-052', 055'〉

テトチュントゥー（*Tet Trung Thu*）はベトナムの子ども達がいちばん楽しみにしている祭りです。
子ども達は家々をまわって獅子舞をします。
それぞれの家で（子ども達は）ご祝儀をもらいます。

例文3は①消極的なget、例文4は②積極的なgetの用法と見ることができます。

例文3は路上で配っているカードが発端となる短編小説の冒頭場面です。差し出されたカードを受け取ったことから奇妙な物語が始まります。

例文4は、ベトナムの子ども達が積極的に家々をまわり、獅子舞をしてご祝儀を「得る」「手に入れる」、もっと言えば「稼ぐ」という能動的なgetの用法です。

語法 ＋アルファ

授受表現の日英比較

英語の「授受表現」は、(1)「授」=「授ける」に当たる give と、(2)「受」=「受ける」に当たる get（あるいは receive など）の 2 系統しかないのでたいへんシンプルです。英語については今さら復習するまでもありませんが、これに日本語の「やりもらい」表現が絡んでくると途端に難しくなる（難しく考えてしまう）ので、ここで日本語と英語の授受表現を整理しておきましょう。

日本語の「やりもらい」表現が厄介なのは、give に当たる「あげる」系と、get に当たる「もらう」系に加え、もうひとつ曲者の「くれる」系が存在し、ぜんぶで 3 系統をなす点です。

「あげる」も「くれる」も give だというところが混乱の原因になります。特に話し手の「私」が「A → B」の B に関わるとき注意が必要です。

日本語と英語の授受表現を次のようにまとめてみました。

【授ける表現】

		give		give
目上		↗ さしあげる		↘ くださる
対等	AがBに	→ あげる	AがBに	→ くれる
目下		↘ やる		↗ くれる
	B≠私		B＝私	

【受け取る表現】

		get
目上		↘ いただく
対等	AがBに	→ もらう
目下		↗ もらう

英語の表現のシンプルさと日本語の表現の複雑さが一目瞭然です。

日本語の授ける表現は「あげる」と「くれる」の 2 系統があり、それぞれ、授ける側と受け取る側の関係によって敬語表現があります。ややこしいですね。

「やる・あげる」は受け取る側が話し手ではない場合に用い、授ける側と受け取る側が同等の関係なら「あげる」、受け取る側が目下であることを強調したい場合は「やる」。そして受け取る側が目上の場合は「さしあげる」となります。

「くれる」は受け取る側が話者や話者の身内の場合に用いられます。授ける側が目上の場合は「くださる」という敬語表現になります。

① Ken gave me a book. ケンは私に本を {×あげた／○くれた}。

② I gave Ken a book.　 私はケンに本を {○あげた／×くれた}。

例文①のように受け手が「私」のとき「×あげる」は使えず「○くれる」となります。例文②のように、主語と目的語が入れ替わり、受け手が第三者（ケン）になると「×くれる」は使えず「○あげる」になります。

③ Ken gave Aya a book. ケンはアヤに本を {○あげた／×くれた}

例文③のように授ける側も受け取る側も第三者（他人のケンとアヤ）のときは「あげる」を使います

もし例文③のアヤが、他人でなく身内の例えば妹であれば

④ Ken gave my sister a book.

ケンは 妹 に本を {×あげた／○くれた}。

となります。

たいへんややこしいですが、みなさん日ごろ無意識にこうした表現を使い分けているのです。そして英語では、授ける側と受け取る側が誰であろうと関係なく、授ける行為は give で表現します。

これは日本語が「私の視点」から主観的な表現をするのに対して、英語は「私の視点」を離れて、話し手自身をも客観的に俯瞰する表現方法をとるためです。

写真やビデオの撮影方法に例えると、日本語は手持ちのカメラによる「自分目線の映像」、英語はカメラを三脚に据えての撮影に見立てることができます。三脚を使えば自分も他人も一様におしなべて客観的に撮れます。ところが「自分目線」ですと自分か他人かによって、授受の映像はまったく違ったものになります。

英文を考えるときは「カメラを三脚に据える」気持ちで、自分も周囲の人と同じく、客観的に表現するよう心がけてください。

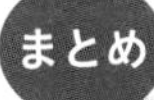

「もらう」「いただく」は get や receive で表現できる。receive は消極的に受け取ることを意味する。get は、消極的に受け取る意味にも、積極的に手に入れる意味にも使える。

Lesson 31 英語ではコトの授受を他動詞で表現することも

✦買ってくれました

英 My uncle bought me a book. 〈サ 2-071〉

日 おじが本を買ってくれました。

日本語の授受表現では直接モノを授受する「あげる／もらう／くれる」に加えて、コトを授受する「〜してあげる／〜してもらう／〜してくれる」があります。例えば「本を貸してあげる」「料理を作ってもらう」などいろいろあります。

例文の My uncle bought me a book. は、直訳「私のおじが私に本を買った」ですと何か言い足りない感じです。日本語らしく言うなら「おじが本を買ってくれた」と「やりもらい」の表現を添えることで自然に響き、文意と心情が伝わります。

「祖父がカメラをくれた」は、英語では「祖父がカメラを私に与えた」という客観的な表現になることを Lesson 29 で学びました。同じように「本を買ってくれた」という日本語の授受表現を伴う言

い方も、英語では「おじが私に本を買った」という客観的なあっさりした表現になります。

英語ではコトの授受を、さまざまな他動詞を使って表現します。例文の buy もそれ自体は「買う」ですが、文脈によって「買ってあげる」「買ってくれる」といった意味合いで使われます。日本語にするときは、直訳の客観的な表現のままでなく「やりもらい」の言葉を添えて訳すと意味が通じやすくなります。逆に、日本語から英文を発想するときは「買ってあげる」や「買ってくれる」の「あげる／くれる」類を取り去って、ただ「買う（buy）」と言えばいいのです。英語のほうが簡単ですね。

☑「私」や親族の呼称は出さずに匂わせる日本語表現

日本語と英語の授受表現を比較して双方の特徴を確認してみましょう。

英語 (a)　My uncle bought me a book.

直訳 (b)　私のおじが私に本を買った。

意訳 (c)　　　おじが　　本を買ってくれた。

英語の直訳文 (b) になくて、意訳文 (c) にあるのは「～てくれる」です。コトの「やりもらい」用法です。英文の客観的な bought の 1 語には、日本語でいうところの「～てくれた」という意味合いが含まれています。

いっぽう直訳文 (b) にあって、意訳文 (c) にないのは「私の（my）／私に（me）」です。Lesson 1 で学んだように、日本語では「私の」と「親族の呼称」はふつう一緒にしません。日本語で「おじ」といえば「話し手のおじ」なので「私の」は、わざわざ言いません。また、「くれる」は、受け取る人が話し手（かその身内）に限られるので「私に」も言う必要がありません。

なお My uncle bought me a book. の me を文末に移し for と共に、My uncle bought a book for me. にすると「私（のため）に本を買ってくれた」ことがより明確に表現できます。

ではもう少し「～してくれた」にあたる英語の表現を、教科書の例文で確認していきましょう。

1. **My mother bought me a dog the other day.** 〈サ2-084〉
   先日、母が犬を買ってくれました。
2. **Onono Komachi sent me a love letter.** 〈コ2-095〉
   小野小町が恋文を送ってくれました。
3. **My grandfather often tells me interesting stories.** 〈サ2-071〉
   祖父はよく面白い物語を話してくれます。
4. **I can't forget the photos that she showed me.** 〈コ3-055'〉
   彼女の見せてくれた写真が忘れられません。

buy(bought) のほか、send(sent)/tell(told)/show(showed) なども、「～してくれる」にあたる「コトの授受表現」に用いられる動詞です。

4つの英文を直訳すると「1. 私に犬を買った／2. 私に恋文を送った／3. 私に話をする／4. 私に見せた写真」となりますが、この英語の中に日本語にしたときの「(～して) くれる」の意味合いが入っています。

日本語は「くれる」の中に恩恵を受ける話者（＝私）が含まれているので、通常「私」を文面に出しません。つまり「(～して) くれる」という授受表現に「私に」を潜在させ、私が恩恵を受ける形で、私を暗示するのが日本語らしいといえます。

いっぽう英語は me をはっきり明示することで文意を確定します。日本語ではヒトが裏に隠れ、英語ではヒトが表に出てくるのです。

日本語ではコトの授受を「〜してあげる」「〜してくれる」「〜してもらう」といった形で表現する。いっぽう英語では buy、send、tell、show などの他動詞が「買ってもらう」「送ってあげる」「話してもらう」「見せてあげる」というようにコトの授受を表現する。
日本語の「くれる」は受け取り手が話者であるため、「母が本を買ってくれた」のように「私に」が文面に出てこないことが多い。同じことを英語では、My mother bought me a book./My mother bought a book for me. という。英語では me（や us など）を明示する必要がある。

さらにひとこと！

「つまらないもの」をあなたへ

贈り物やお土産を手渡すときに便利な表現を集めてみました。

(a) Here is a gift for you.

(b) This is a small something for you.

(c) I have a little something for you.

(d) This is just a little something, but I brought it back for you.

(e) This is just a little something, but I hope you'll like it.

(a)～(d) には、文末の for you が共通しています。例えば (d) の場合、前半（カンマの前まで）の控えめな「これほんのつまらないものです」という（日本語風の）謙遜だけで終わると、相手は「じゃ、いらない」になってしまいます。そこで後半の but 以降で積極的に「あなたのために（と思って、旅先から）持ち帰りました」と、お前のためにわざわざ買ってきてやったぞ、みたいなことを続けます。

(e) は for you に代わる、I hope you'll (⇐you will) like it が後半にきています。気に入るといいんですけど、といったところですかね。いずれにしても、英語では前向きな印象を与えたほうがいいようです。日本語で考えると、for you が押し付けがましいようにも思いますが、英語でこう言われると、素直にありがとうという気持ちになるから不思議です。

日本語学習者が陥る「丁寧なのに恩着せがましい」表現

外国人の中上級日本語学習者によくある問題な日本語として、「重そうですね、持ってさしあげましょうか」という、丁寧なのに恩着せがましい表現がしばしば指摘されます。「（～して）あげる／さしあげる」は、相手に恩を売ることになりますので、使い方が難しいのです。

英語の I will bring your baggage (luggage)./I will carry your bag. を、そのまま日本語で「(私があなたの) お荷物、運びましょう／お鞄、お持ちします」と言いながら、鞄に手をかけるそぶりをすればいいのです。相手の意向を丁寧に尋ねようとして「〜してさしあげましょうか」と言ったばかりに、かえって相手は気を悪くしてしまいます。良かれと思ってしたことが逆の結果を招くのは、異文化・異言語間では、ありがちな事態です。

この例の場合、せめて「〜か」がなければ、恩着せがましさはやや軽減されます。「持ってさしあげましょう」と言いながら、鞄に手をかけてしまえばいいのです。相手は「いや、いいの、いいの」と断ったり、「すみませんね」と受け入れたりするしかありません。「〜か」が付いて疑問文になると、相手は「いや、別に、持ってくれなくていいけど」と反発したくなります。

このように「やりもらい」表現は、使い方を誤ると、恩着せがましく聞こえてしまい日本語学習者にとっては悩みの種です。かといって、使わなければ失敗せずに済むかというと、決してそんなことはありません。

「やりもらい」表現に悩む日本語学習者達

ある日のことです。何も見ずに難しい漢字を書いている学生を目にした教師 A が「そんな難しい漢字、よく知っているね」とほめました。するとその学生は「はい、B 先生が教えました」とだけ答えました。

日本人ならこういう場合「B 先生が教えてくれ／くださいました」か「B 先生に教えてもらい／いただきました」といった、やりもらい表現が自然に口から出てきます。やりもらい表現を使わないとすれば「B 先生に教わり／習いました」のような「教える」以外の動詞を選ぶでしょう。

英語だと、Mr./Ms.B taught us (this Kanji). で特に問題はありませんから、直訳して「B 先生が教えました」になるのでしょう。しかし「B 先生が教えました」は、客観的というか、他人事というか、その学生本人と関係のないことを述べているような印象を受けます。もっといえば、恩知らずな日本語に聞こえます。日本語だけ恩知らずならいいのですが、それを口にした当人が恩知らずなヤツだという人物評価に結び付くと大問題です。

言葉遣いひとつで、恩着せがましいヤツにされたり、恩知らずなヤツだと思われたり、もう大変です。たいてい本人はそのことに気付いていません。また周囲の日本人も無意識のうちに言葉遣いで人物評価をしがちです。

「先生が教えました」でなく「先生が教えてくださいました」などのほうがいいよ、と日本語教師としては指導するわけです。すると、「あまり尊敬していない先生の場合はどうすればいいのか」という疑問を抱く学生もいます。これは、個人的な尊敬云々の問題でなく、日本語らしさの問題である、と説明すると、どうにか頭では理解できるようです。

for you は英語の思いやり表現

ひるがえって英語の for you 感覚に戻りましょう。(c) I have a little something for you. や、(d) This is just a little something, but I brought it back for you. などの for you に、日本人はどこか押し付けがましさを感じます。しかし、相手に対するこの種の積極的な思いやり表現がないと、逆に英語ネイティブは「何か足りない」感じ、もっと言うと失礼な印象を覚えるようです。

同じ for ... でも、for me や for us の感覚なら、日本人にもすんなり納得がいきます。例えば、Grandpa is making ozoni for us.〈サⅠ 095〉は、おじいさんが（今）お雑煮を私達のために作っていることを述べた文ですが、このような for us は抵抗なく使えそうです。もう少し中学生の日本語らしく自然に訳すと「おじいちゃんがお雑煮を作ってくれている」になるでしょうか。

for me や for us は、相手からの思いやりを形にした表現です。同様に for you も相手を思いやる気持ちの表れとして、もっと積極的に使いたいものです。

第2節 英語で行ったり来たり

日本語で「行き来」とか「往来」と言うところを、英語では普通 come and go と表現します。対になる「行く= go」と「来る= come」の順番が逆転するわけです。ほかにも「あれこれ／this and that」「あちこち／here and there」「出入り／(going) in and out」「売り買い／buy and sell」のように対語の並びが反対になる場合があります。

英語は、話し手に近いほう（this、here）や、話題の中心地点に向かう動き（come、in）を先に置く傾向が見られます。ただし日本語と同じ順番の対語もありますので、すべてとは言えませんが、日本語と英語で方向感覚にズレが見られるのは事実です。

同じ経験をしてもその感じ方に個人差があるように、日本語と英語とでは、モノを見るときの向き、視点の方向性が異なります。心に映る情景が異なるのは、例えば同じ被写体を撮るにしても、ビデオカメラを据える位置や撮り方によって、出来上がった映像から受ける印象が異なるようなものです。英語を話す／書くときは、英語流の視点の置き方と表現方法を意識する必要があります。

Lesson 32 日本語では「行く」なのに come を使うことも!?

✦今、行きます
(親 A と子 B の会話)

英 A: Breakfast is ready. Hurry up.
B: I'm coming. 〈コ I 070'〉

日 A：朝ごはんが出来たよ。早くしなさい。
B：今、行きます。

「今、行きます」は、つい I'm going. と言いたくなりますよね。しかし、この場面で I'm going. と言ってしまうと、親のいる（朝食のある）ところに行くのでなく、別のところ＝よそに行く、つまり朝食を食べずに出かける意味になってしまいます。I'm going. と言ったがために、朝食を片付けられかねません。

日本語で「（相手のところに）行く」ことを、英語では come で表現します。「今、（そちらに）行きます」という場合は I'm coming. になるのです。

「行く＝ go」「来る＝ come」と覚えた私達にはとても奇妙に感じます。しかし本来の英語の come は話題の中心に向かうことを意味していたのです。

そして、「あなた（you）」と「私（I）」が違う場所にいる場合、英語では「話題の中心」を話の相手の「あなた」の方に置きます。これは、「私」を中心にとらえる日本語とは逆の発想です。そのため、例文のように状況によって come は「来る」でなく「行く」という日本語がふさわしい場合があるのです。

話題の中心に向かう come に対して、go は話し手達が今いる場所から離れて別の場所に移動することを意味します。go は日本語も基本的に「行く」で表現します。

例えば会社のオフィスなどで、ドアをノックして「入ってもよろしいですか」と了解を得る決まり文句は May I come in? です。話題の中心に向かうからです。問われた相手の応答は Please come in. で、これは日本語の「どうぞお入りください」の感覚と一致します。

では Please go in. という表現はないのかというと、社長室の手前の秘書席にいる人が「どうぞお入りください」と言うなら Please go in. になります。Please go in. は直訳すると「どうぞ（中へ）お行きください」です。今いる場所からの移動を促しているわけですね。

☑ 話題の中心に向かって「行く」ときは come

教科書に載っている例文で come の方向感覚を確認しましょう。

1. （親 A と子 B＝エリカの会話）

A **Erica, dinner is ready. Can you set the table?**

B **OK. I'm coming.** 〈ホ1-112, 113〉

A エリカ、晩ごはんが出来たよ。食卓を整えて。
B はい。今、行きます。

2. **Please tell me when to come to your house.** 〈ワ3-037〉
いつお宅に伺ったら（行ったら）いいかお教えください。

3. （友人同士が電話で）

A **I'm looking at the stars through my telescope.**
The sky is so beautiful tonight.

B **Really? Can I come and look at the stars with you?** 〈ト1-100〉

Ⓐ 望遠鏡で星を見ているんだ。
今晩は空がとってもきれいだよ。
Ⓑ ほんと？ そっちに行って一緒に星を見てもいい？

例文1〜3はすべて相手のほうに「行く」ことをcomeで表現しています。話し手の物理的な身体は当然こちら側にありますが、視点は「相手側＝到達目標」にあり、話し手が先方に向かう様子を客観的に俯瞰するのがcomeです。英語的な物の見方の上に成り立つ表現ですね。

これまでの3例とはやや性質を異にしますが、comeと「来る」の感覚にズレのある例を紹介しましょう。

4. My father is a nurse, and he usually comes home at around five. 〈ワ3-074〉
父は看護師で、いつも5時ごろに帰ってきます。

come homeは帰宅に当たる英語の一般的な言い方です。到達点の家から見た表現ですね。別のところから見て家に向かう場合はgo homeになります。例えば、You look sick. You should go home and go to bed.〈コ2-123'〉（顔色が悪いね、家に帰って寝たほうがいいよ）という具合です。

come homeを（かつて習った意味で）直訳すると「うちに来る」になります。日本語だと、あるところに所属している人が、その拠点に戻ることは「帰る」で表現します。「来る」のは、よその人です。ですから、お父さんが「うちに来る」と聞くと、お母さんと離婚してひとり暮らしのお父さんが子どもの顔を見に「来る」ような印象を受けますが、英語では普通の帰宅の表現となります。

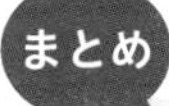

話し手が相手の方へ向かう「今、行きます」は、I'm coming. であって、×I'm going. ではない。この come は話題の中心に近づくことを示す。go は自分と相手の居場所から離れて別の方向に移動することを意味する。

Lesson 33 bring/take と come/go のよく似た関係

✦花を持って行きます

英 I'll bring some flowers to your party. 〈ク 3-142'〉

日 (あなたの) パーティーに花を持って行きます。

come/go に加えて、bring/take も、その語義と実際の日本語（の訳語）がねじれて、誤解を誘発しやすい代表例です。

辞書で bring を引くと「持って来る」と書いてあります。take の項目には「持って行く」とあります。この訳語に間違いはないのですが、これだけだと混乱に迷い込みかねません。

bring は「持って来る」意味ですが、場合によって「持って行く」という日本語表現がふさわしいこともあります。前の Lesson 32 で、英語の go/come が、日本語の「行く／来る」と一致しない場合があることを確認しました。同じような食い違いが、bring/take と「持って来る／持って行く」の間でも生じるのです。

bringとtakeの方向性は、comeとgoの関係に似ています。話題の中心にモノとヒトが向かうときはbringが使われます。そして、go/comeのところで述べたように、「あなた」と「私」が違う場所にいるとき、英語では「あなた」のほうに話題の中心を置きます。

例文はyour partyが話題の中心です。映像に例えると、話の相手＝youが主宰するパーティー会場にビデオカメラを据えて撮影するようなものです。パーティー会場からは話し手の「私」がcome＝「来る」ように見え、その「私」は「花」をbring＝「持って来る」ようにカメラでとらえられるのです。

いっぽう日本語ではこれを「パーティーに花を持って行く」と表現します。映像に例えるなら、これは「自分目線の映像」つまり自分の手持ちカメラで自分を撮影するようなものです。自らの視点から自身の行動を描写しており、英語の客観的な描写方法と好対照をなします。

bringとtakeは、どこに視点を置いて（カメラを据えて）情景をとらえるか、つまり表現意図によって使い分けます。カメラを話し手と離れたところ＝話題の中心に据えて、話し手たちを俯瞰して捉えるならbringを選びます。comeと同じ感覚でbringを使います。

いっぽうtakeは、goのように、話し手が今いる場所から別の場所に移動する表現となります。カメラは話し手たちと共に移動する感覚ですが、日本語の「自分目線の映像」表現とは異なります。英語のtakeは、カメラマンが別にいて、話し手も映像のフレーム内（＝文中）にしっかり納まっています。

いっぽう日本語の表現様式のカメラ片手の「自分目線の映像」では、撮っている本人が映らない（＝話し手が文中に登場しない）こともしばしばです。

☑ 連れて来る bring と、連れて行く take

(1) bring/ (2) take は、モノを「(1) 持って来る／ (2) 持って行く」以外に、ヒトを「(1') 連れて来る／ (2') 連れて行く」意味でも使います。教科書の用例で使い方を確認しましょう。

1. **Bring her to the clinic this afternoon.** 〈コ1-084〉
   今日の午後、彼女を診療所に連れて来なさい。
2. **We can bring our old clothes to our charity event.** 〈サ2-031〉
   私達の慈善行事に古着を持って来る／行くことができます。

例文 1 は電話で、診療所の医師が、患者の家族に助言する一節です。こういうとき、日本語でも「連れて来る」を使いますので、分かりやすい bring の用例と言えます。

それに比べて例文 2 の bring は、日本語の「持って来る」感覚と少しズレがあるかもしれません。開催する慈善行事に古着を提供しようという提案で、日本語だと「持って行く」と言ったほうが落ち着きそうな気がします。英語では our charity event つまり「我々」の行事という意識が濃厚なため bring の「持って来る」感覚と合うのでしょう。

次の例文 3～5 は take の用例です。どれも日本語の「連れて行く／持って行く」感覚のまま理解できます。

3. **I'll take you to the nurse's office.** 〈ク3-022'〉
   保健室に連れて行ってあげる。

4. A **Noguchi Hideyo once worked at a lab in Yokohama. It's now an exhibition room.**

B **Sounds great! Can you take me there to see it?** 〈ワ2-071'〉

A 野口英世はかつて横浜の研究所で働いていました。そこは今、展示室になっています。

B いいなあ！　連れて行ってもらえませんか？

5. A **What do you do on a recycling day?**

B **We take bottles to the park.** 〈サ1-041〉

A 資源回収日に何をしますか？

B 公園にビンを持って行きます。

例文３は「あなたを連れて行く」ことを申し出て、例文４は「私を連れて行く」ことを依頼しています。日本語では「あなた」や「私」といったヒトが授受表現の中に潜在化して表面に出ないことが多いので、例文３「あなたを連れて行く⇒連れて行ってあげる」、例文４「私を連れて行く⇒連れて行ってもらう」と和訳しました。

例文５は、今、話し手達がいる場所から離れて、別の場所（公園）に物を移動させる、典型的な take の用法です。

まとめ

bringとtakeの方向性は、comeとgoの方向性と並行する。bringは話題の中心に向かってモノやヒトを移動させること。「あなた」と「私」が違う場所にいる場合は「あなた」の方に話題の中心を置く。takeは今いる場所から離れて、別の場所にモノやヒトを移すことを言う。

bringは「持って来る／連れて来る」に当たる（が、日本語の訳としては「持って行く／連れて行く」になる場合もある）。takeは「持って行く／連れて行く」に当たる。「持っtake（テイク）」と覚えよう。

さらにひとこと！

未来を見通す英語と未来から眺める日本語、視点の違い

Lesson 33では、「持って来る／連れて来る」をbringで言い表し、「持って行く／連れて行く」ことをtakeで言い表せることを学びました。そして、これらbringとtakeの方向性はLesson 32で取り上げたcomeとgoの方向性と並行することも確認しました。

ここでは「持って来る／連れて来る／持って行く／連れて行く」以外の「～てくる」と「～ていく」に話を広げ、それを英語でどう言うか考えてみたいと思います。

(a) 日本の人口は2010年以降、減ってきました。
(b) 日本の人口は今後も、減っていきます。
(c) 日本にいる外国人の数は、増えていきます。

(a′) The population of Japan has decreased since 2010. 〈創作例〉
(b′) The population of Japan is going to decrease from now on, too. 〈創作例〉
(c′) The number of foreigners in Japan is going to increase. 〈創作例〉

「来し方行く末」という言葉があります。これまで歩んで来た道筋、これから進んで行く方向、という空間の意味が先にあって、それを時間の過去と未来に転用した言葉でしょう。「来し方行く末を思う」というと、これまでの人生を振り返り、今後を展望する、という時間のイメージが現代ではまず思い浮かびます。

上の「(a)～てきた」と「(b)(c)～ていく」は「来し方 行く末」と、行き来の方向性がうまく合っています。英語の(b′)(c′) is going toも「行く末」と対応しています。過去から現在までの推移は「～

てきた」、現在から未来へ向けては「～ていく／be going to ...」で表現するのが基本です。

次の例では、過去・現在・未来と「行き来」の表現との関係はどうなっているでしょう。

(d) 日本にいる外国人の数が今後ますます増えてくるのは確実です。

(d′) It is certain that the number of foreigners in Japan is going to increase more and more from now on.〈創作例〉

(d) は、今後さらに増加する傾向について「～ていく」でなく「～てくる」を用いて説明しています。未来へ向けての表現には、(c) のように「～ていく」を使うのが普通ですが、なぜ「～てくる」を用いているのでしょうか。実は、未来についての説明で「～てくる」を使うとニュアンスが変わってくるのです。

天気予報で「夜半から雨が強まってきますのでご注意ください」とか「明け方にかけて気温がぐっと下がってきます」のように、これからのことなのに「～ていく」でなく「～てくる」を使った予報をよく耳にしませんか？

「～ていきます」は、英語の be going to ... のように、基本に忠実に、現時点から未来を眺めた表現です。いっぽう「～てきます」は、やや変則的に視点だけ未来へ先回りして、未来から現在を逆照射したような表現になっています。

「雨が強まっていきます」と「雨が強まってきます」を比べると、前者「～ていきます」が比較的冷静な予報であるのに対して、後者「～てきます」は緊迫感というか臨場感が漂い、豪雨の情景が目に浮かぶようです。未来であるのに、半分「来し方」のような言い方です。

例文 (d) も外国人が増えた未来に先回りして臨場感を伝えた表現となっているのです。

このように日本語では、未来に身をおいた表現ができるわけですが、英語では、まだ訪れていない未来のことは、現在から「行く末」として眺めるのが普通で、It is going to rain more heavily (from now on). のように言います。

詰まるところ、英語と日本語では「時」を捉える「視点」の据え方が異なっている、という結論に行き当たります。日本語では視点を未来や過去へ容易に移動できるのですが、英語の基本は定点観測ならぬ定点表現です。英文を組み立てるときは、視点を現在から動かさず、過去のことは過去形で、未来のことは未来の表現を用いるようにします。

受け身表現の英語と日本語のニュアンスの違い

第3節のテーマは受け身。受け身は英語では「be 動詞 + ...ed」、日本語では「〜れる／〜られる」の形をとりますが、英語と日本語で使い方に違いがあります。

英語の受け身は、中立的で無色透明な表現が中心となります。いっぽう日本語の受け身は「長時間居座られた」「プラモデルを壊された」など「迷惑」な雰囲気を表現するなど、特定の色彩・ニュアンスを帯びる場合があります。

このため同じ受け身の形をとっていても、英語と日本語では意味が対応（心情が一致）しないことが多々あります。英語で受け身を使うのはどういう状況で、日本語ではどういう状況なのか、見比べながら学んでいきましょう。

Lesson 34 英語の受け身は客観的で日本語の受け身は迷惑？

✦ロゴがプリントしてあります
（オリジナルTシャツを1枚手にしながら）

英 Our logo is printed on the back (of the T-shirt).

〈コ 2-112〉

日 私達のロゴが（Tシャツの）背中にプリントしてあります。

ロゴのプリント入りＴシャツは、be printed＝プリントされている、という受け身の形で表現できます。日本語では、受け身の「プリントされている」よりも、状態をいう「プリントしてある」のほうが自然かもしれません。受け身だと「(好きではないけれど) プリントされている」という「迷惑」なニュアンスがうっすら漂ってきます。ダサいなぁ、このＴシャツ、と内心ひそかに思っている感じです。

☑ 英語の「受け身」は、日本語の「状態」に近い

受け身文に対する意識・感覚は、英語と日本語では異なるものがあります。教科書の用例から、そうした意識・感覚のズレを探っていきましょう。

1. **This window is broken.** 〈ワ2-101〉
   窓ガラスが割れています。
2. **This book is written in English.** 〈ト3-011〉
   この本は英語で書いてあります。
3. **Only three words were written on the card.** 〈ホ3-100〉
   たった３語がカードに書いてありました。

例文１の英文はあくまでも客観的に窓ガラスが割れていることを受け身で表現しています。英語は、誰の仕業か分からなくて人を主語にできないときや、知っていても言う必要のないとき（あるいは言いたくないとき）に、受け身をよく使います。無色透明、中立的な表現を取りたいときですね。

これをそのまま受け身表現で日本語に訳すと「割られている／壊

されている」となりますが、そうすると「誰かに割られた／壊された」という被害・迷惑を受けたニュアンスが漂ってしまいます。日本語の受け身表現は迷惑・被害といった特定のニュアンスが醸し出されるのです。

英文の中立的な描写にするには「割れている／壊れている」といった状態を表す言い方をよくします。

日本語では「割れている／壊れている」よりも「割られている／壊されている」のほうに悪意を感じます。前者は自動詞「割れる／壊れる」に「～ている」を付けた形です。後者は他動詞「割る／壊す」を受け身「割られる／壊される」にして「～ている」を付けた形です。誰かが「割ろう／壊そう」として「割った／壊した」、しかも自分がそうされた、という被害の意識が「割られている／壊されている」という他動詞の受け身にこもっています。

英語の受け身文を解釈するときや、日本語から英語を発想するときには、

英語の「受け身」表現 ≒ 日本語の「状態」表現
（中立的表現）

ということを思い出しましょう。

例文２と例文３も、受け身の「書かれている」よりも自動詞の「書いてある」のほうが日本語として自然に響きます。

では例文１と同じ状況で、意図的に「窓ガラスが割られた」ことを強調して英語で言う場合はどんな表現になるのでしょうか。この場合、受け身文でなく能動文のSomeone broke this window. のほうが表現意図に合います。「誰か（someone）」が故意に割った感じがします。主語のsomeoneが、目的語のthis windowに、他動詞break（>broke）で働きかけるSVO型の英語らしい文です。

日本語と英語では、受け身文の働きが異なります。英語で中立的な描写をする受け身文であっても、それをそのまま日本語の受け身文に直訳すると、原文にないニュアンスを付け加えてしまう危険があります。ひるがえって、日本語で「割れている」とか「書いてある」など、ある状態を客観的に描写した表現は、英語で受け身を使うと中立性が保たれることになります。

まとめ

This window is broken. は「窓が割られている」という意味の受け身文だが、自然な日本語では「窓が割れている」と表現する。英語の受け身文は客観的・中立的な状況描写として使えるが、日本語の受け身「～られ（てい）る」は能動文になかったニュアンスを帯びることがある。状態を示す「～ている／～てある」であれば客観的に描写できる。

Lesson 35 客観的な英語の受け身文の出し惜しみ効果

✦ 多くの人が訪れます

英 The Sydney Opera House is visited by more than eight million people every year. 〈コ 2-113'〉

日 シドニーのオペラハウスは年間 800 万人以上もの人が訪れます。

年間800万人以上がオペラハウスを訪れることを言いたい場合、①800万人以上の人を主語にする方法（能動文）と、②オペラハウスを主語にして受け身で表現する方法（受動文）の2つが考えられます。

①能動文　More than eight million people visit the Sydney Opera House every year.

②受動文　The Sydney Opera House is visited by morc than eight million people every year.

どちらも事実として同じことを述べていますが、読み手・聞き手が受ける印象はやや異なります。さて、どちらのほうが数の多さを強調できるでしょうか。

「800万人以上」のヒトを主語にした①能動文は、構造が素直な文ということができます。それに対して、視点を反転させ「オペラハウス」つまりモノを主語にした②受動文は、構造にひとひねり手が加わっています。受け身にして文末に「800万人以上」をもってきた②のほうが、数の多さが際立ちます。

受け身文では、意味のない動作の主体 by them などは省略されます。つまり普通は by 以下を言わない受け身文が多用されるのですが、冒頭の例文（＝②）はそれを逆手にとり「800万人」を by の後に回して、聞き手（読み手）の関心を引きつけています。最後に数字を示すという出し惜しみ作戦です。

冒頭の例文（＝②）のニュアンスは「あのね、シドニーのオペラハウスはね（聞き手：えっ、なに、なに？）、訪れる人がね（うん）、年間800万人以上もいるんだよ（へー、すごいね！）」という具合に、相手の気を引っぱりながら情報を後出しする受け身文の構造になっているのです。

次の法隆寺を紹介する例も、情報を出し惜しみしながら相手の気持ちを引き付ける受け身表現です。

Horyu-ji is one of the most famous temple in Japan.
The temple is in Ikaruga, a suburb of Nara.
It is visited by many junior and senior high school students every year. 〈ト3-010'〉

法隆寺は日本の有名な寺院のひとつです。
この寺は奈良郊外の斑鳩(いかるが)にあります。
毎年、大勢の中高生が訪れます（中高生によって訪問されます）。

この文章は要するに、Many students visit Horyu-ji every year. と言っているのですが、many students を先に出すより、受け身文にして many students を後から提示したほうが、多さが印象に残ります。また法隆寺について語る、という論旨の一貫性からも、it = 法隆寺を主語にした受け身文が適当です。

まとめ

「法隆寺は多くの生徒が訪れる」は、Horyu-ji is visited by many students. と訳せる。能動文 Many students visit Horyu-ji. よりも、受け身文 Horyu-ji is visited by many students. のほうが、many students の印象が記憶に残りやすい（多さが際立つ）。

Lesson 36 中立的な英語の受け身 迷惑感が漂う日本語の受け身

✦教わっています

英 Kenji is taught English by Ms. Brown.

〈ク 2-108 ガイド 2-177, 210〉

日 健二はブラウン先生に英語を教わっています。

日本語の「教わっている」という状態も、英語では受け身で表現します。この受け身文は、同じ意味の能動文 Ms. Brown teaches English to Kenji. に比べて、by の後ろに移動した「ブラウン先生」が際立ちます。これも受け身の「出し惜しみ効果」です。

受け身の英文 Kenji is taught English by Ms. Brown. を日本語の受け身文で直訳すると「健二はブラウン先生に英語を教えられている」となりますが、受け身で「教えられる」というと、教え方の下手なブラウン先生に「教えられ」てしまっている生徒を憐れむようなニュアンスも少し漂います。英語の受け身は中立的で、そういう迷惑な含みはありません。その中立的な感じは日本語でいうと「教わる」に近いものです。

☑ 受け身か能動かで伝えたいことが変わる

受け身文は、能動文と同じ内容を、見方を変えて述べた文です。事実としては同じことを述べているのですが、言いたいポイントは異なります。両者の違いを、教科書の例文で確認しましょう。

1. **Ms. Watanabe teaches English.** 〈ト3-023〉
渡辺先生は英語を教えています。

2. **English is taught by Ms. Watanabe.** 〈ト3-023〉
英語は渡辺先生が教えています。

例文1では渡辺先生の担当教科つまり「何を」教えているか(⇒英語)が際立ち、例文2では英語の担当教員つまり「誰が」教えているか(⇒渡辺先生)が際立ちます。2つの文は同じ事実を述べていますが、伝えたいことが異なります。聞き手には後出し要素ほど記憶に残りやすいので「誰が」を印象づけるには受け身文が効果的です。英語では、語順と文型を変えて、伝えたいことを言い分けます。

いっぽう、語順が比較的自由な日本語は助詞(いわゆる「テ・ニ・ヲ・ハ」の類)がその働きを担っています。例えば、例2の英語の担当教員についての問答なら「(英語は)誰が教えていますか/渡辺先生が教えています」のように肝心な情報は「～が」で表示されます。「～は」は話し手も聞き手も知っている共有情報に付きます。すでに分かっている前提を示す「～は」はしばしば省略されますが、新しくて重要な情報である「～が」を省くと会話が成り立ちません。

受け身文によって「誰が」を際立たせる例をもうひとつ見てみましょう。

3. **P.E. was taught by Mr. Kikuchi last year.**
It is taught by Mr. Yoda this year. 〈ク3-007〉
体育は去年、菊地先生がお教えになりました。
今年は依田先生が教えていらっしゃいます。

P.E. は、physical education の略語です。ある教科の担当教員を言うとき、英語では科目名を主語に立てて受け身の表現にします。こういう場合、日本語では通常、受け身でなく能動文で「○○先生が教える」と言います。受け身「～に教えられた」だと迷惑なニュアンスが加わってしまうからです。

なお「体育は菊地先生が教えられた」の「られる」は尊敬の意味であって、受け身ではありません。日本語は受け身と尊敬表現が紛らわしいことにも注意が必要です。

まとめ

Kenji is taught English by Ms. Brown. は「健二はブラウン先生に英語を教わっている（教えてもらっている）」と訳すとよい。受け身のまま「教えられている」と言うと否定的なニュアンスが漂いかねない。日本語の受け身文は（もとの能動文にない）特別な意味合いを生じることがある。いっぽう英語の受け身文は（もとの能動文と同じく）中立的に用いることができる。英語の受け身文は使用範囲が広い。

さらにひとこと!

主観ショットと客観ショット

日本は安全な国だ、と外国人は異口同音に言います。ファストフード店などで、座席に荷物を置いたまま平気でトイレに行く人（ほとんど全員）を見て、驚く外国人も多いようです。私の国ではありえない、とある外国人学生が言いました。タクシーを拾うときや、電話をかけるときなど、大きな荷物を下（路上）に置くのはいいけれど、必ず自分の前に置くこと。間違っても荷物に背を向けて電話に熱中したりしないこと。振りむくと荷物が無くなっているかもしれませんよ、と忠告してくれました。

トイレから戻ってきたら、椅子の背もたれに掛けておいた上着が消えていた。あまり遭遇したくない状況ですが、もしそうなったら店員さんにどう言いますか。報告したところで無駄かもしれませんが、言うだけ言うことにしましょう。

日本語だと「上着を盗られました」とか「上着がなくなりました」あるいは「上着が見当たりません」などと実情を訴えることになるでしょう。英語でこういう場合いちばん出てきやすいのは、Someone stole my jacket. だといいます。

中学２年の教科書から steal（盗む、過去形は stole）がキーワードになっている *Sherlock Holms Goes to Camping* を引用しましょう。名探偵シャーロック・ホームズと助手のワトソンが、２人でキャンプに行った晩の出来事です。落語のマクラにも使えそうな小噺です。後で説明を加える便宜上、文に番号⑴～⑹を振りました。

〜〜〜〜〜 *Sherlock Holms Goes to Camping* 〜〜〜〜〜

Sherlock Holms and Dr. Watson go camping. They set up their tent and fall asleep. A few hours later, Holmes wakes

Watson up. (1)

"Watson, look up at the sky. What do you see?" (2)

"I see thousands of stars," says Watson. (3)

"And what does that mean to you?" (4)

"Well," says Watson, "it means that we'll have nice weather tomorrow. What does it mean to you, Holmes?" (5)

"To me, it means that someone stole our tent." (6) 〈ワ 2-038,039〉

〜〜〜〜〜〜〜〜〜〜〜〜〜〜〜〜

この小噺には、今まで学んできた文法項目がちりばめられています。それらを少しおさらいしながら、最後に落ちとなっている ... someone stole our tent. について詳しく見ていくことにしましょう。

冒頭の 3 文＝(1)は、台本でいえばト書きに当たる状況説明文です。動詞がすべて現在形であることにお気付きでしょうか？　例えば They set up their tent and fall asleep. の set も fall も現在形です。fall は、fall/fell/fallen と活用しますから、過去形であれば fell asleep「眠りに落ちた」になります。set は現在＝過去＝過去分詞とも同じ形で、かつ they が主語で現在形でも動詞に ...s が付かないため、ここだけでは時制の見分けがつきませんが、前後の文脈から考えて現在形と推定されます。Holmes wakes Watson up. は、主語 Holmes に合わせて ...s 付きの現在形 wakes になっています。「数時間後、ホームズはワトソンを起こす」です。

台本のト書きなどでは、このように「〜した」でなく「〜する」の形で状況を説明します。英語も同じことです。ト書きは、ドラマの中の世界とは別次元の、場面設定のための説明です。俳優にとっては、演じ方の指示になります。時間を超越した現在形の用法、ということができるでしょう。

「幽体離脱」する see が登場

(2)(3)では２人の間で次のような会話が交わされます。

(2) ホームズ：What do you see?　　　　何が見える？

(3) ワトソン：I see thousands of stars.　幾千もの星が見える。

この see も現在形ですが、時間を超越した現在形ではなく、文字通り「今、現在」を示す現在形です。この see は Lesson 6 で取り上げた I saw a rainbow in the sky.〈ク 3-150'〉(虹が見えました）と同じ用法です。何かを見ている自分をさらに外側から眺める自分（話し手）が存在するという二重の見方をしています。幽体離脱したように自分自身を客観視する英語的な表現方法です。(3)の I see thousands of stars. も幽体離脱しています。言葉どおり直訳すると「私は数千の星々を見（てい）ます」という奇妙な日本語になります。

外国人学習者の作文を読んでいると、この手の奇妙な日本語によく遭遇します。

不正確ではない（つまり正確に描写している）のですが、不自然で不思議な感じの日本語です。日本語は幽体離脱せず、「私」の目に移ったものをそのまま表現します。自然な日本語に近づけるには「何千もの星が見えます」のように、幽体離脱した星を見（てい）る「私」を消し去る必要があります。私が「星を見る」のでなく、自然に「星が見える」というとらえ方をしないと、日本語らしい表現になりません。

さて、ホームズは(4)「それは（君にとって）どういう意味なのか」と問います。(5)を見てください。we'll の will は Lesson 23 の It will (It'll) be hot tomorrow.〈ク 2-024〉で学んだ、未来を推測する表現です。... we'll have nice weather tomorrow.（…明日いい天気になる）の have は第２章でその万能ぶりを学びましたが、ここではいい天気までも have しています。あらためて have の万能動詞ぶりに驚かされます。

⑸でワトソンは、満天の星が「明日いい天気になる」ことを意味していると答えます。星がよく見える翌日は晴天、なるほど御もっともです。

続けてワトソンが「君にとってはどういう意味なのかい、ホームズ」と切り返します。その答えが、⑹「私にとっては、テントを盗まれたってことだよ」という落ちになるわけです。

ワトソンが明日の天気に触れたとき、ホームズは「おいおい、そっちかよ！」と思わず突っ込みを入れたくなったはずです。ワトソンのボケっぷりが冴えています。

ボケと突っ込みはさておき、問題の「盗られた」について、日本語と英語の表現方法を見比べてみましょう。それぞれの自然な表現をみると、日本語の受動態の表現が、英語では能動態になっています。

{ (私は) 上着を盗られた。
  Someone stole my jacket. (誰かが私の上着を盗った。)

{ (私達は) テントを盗られた。
  Someone stole our tent. (誰かが私達のテントを盗った。)

日本語は受け身で「被害」や「迷惑」の心情を表現し、英語は能動態で「誰かがやった」と主張します。

英語は視点が自分の体から幽体離脱して、自分自身をも外側から眺めている感じの客観的な表現を好みます。

言語表現を映像表現に置き換えると、英語は「客観ショット」を多用する映画、日本語は「主観ショット」を多用する映画に例えられます。ボクシングの場面を想像してください。客席からリング上の２人を捉えた映像が「客観ショット」です。第三者＝観客の目線です。ボクシングの実況中継番組でも、よくある映像です。いっぽう主人公の目に映った、対戦相手の姿が「主観ショット」です。

英語では客観的・俯瞰的なショットといえる Someone stole my jacket. が多用されます。冷静に状況を客観視したような表現で、目撃していない犯人を someone として主語に立てるところなど、いかにも英語的です。

逆に日本語で「誰かが私の上着を盗った」と言うと他人事のように響き、当事者意識が薄れて、切迫した状況にそぐわない言い方になってしまいます。

第4節 使役は日本語になじまない？

心が折れそうなときに聞きたい歌があります。元気が湧いてくるような歌、幸せな気持ちになれる歌です。英語では「その歌が私をハッピーにさせる」と表現しますが、この種の「モノがヒトを～させる」という使役文を日本語ではあまり使いません。使うとしたら、小説などに登場する擬人法くらいでしょうか。でも、英語では日常的な言い方です。使うべきときにこれが使えると、ネイティブ感覚に一歩近づきます。

Lesson 37 どうしても翻訳調になってしまう「モノ＋ make ＋ヒト＋形容詞」の表現

✦ 幸せにしてくれます

英 His songs always make me happy. 〈サ 3-048〉

日 彼の歌はいつも（私を）幸せにしてくれます。

この種の英文を日本語にすると、ついつい翻訳調になってしまいます。「モノ＋ make ＋ヒト＋形容詞など」（モノがヒトを～にさせる）は、動詞 make を使役の意味で用いており、make を「させる」とする訳し方が伝統的に受け継がれています。

しかし「モノがヒトを～（な状態）にさせる」という表現は、もともと日本語の発想にはありません。ですから訳すのが難しいのです。

この英文を日本語に訳しにくい理由には、主語がヒトでないことにもあります。例えば「彼」を主語とした文 He makes me happy. であれば、ヒト (He) がヒト (me) に働きかけて幸せにするということで、「彼は私を幸せにしてくれる (幸せにさせる)」とまだ自然な感じの日本語に訳しようもあります。

しかし、冒頭の例文のように、主語のモノ (songs) がヒト (me) に働きかける発想自体が日本語にないため、どう訳してもしっくりきません。自然な日本語にするには、英語の表現から離れるしかありません。「彼の歌を聞くといつも楽しくなる」「彼の歌はいつ聞いても楽しい」といった文なら、日本語として落ち着きます。

☑「ヒトを〜させる」のでなく「ヒトが〜になる」のが日本語的

make の元の意味「作る」に立ち戻って考えてみましょう。

The song made me happy. (直訳：その歌が私を幸せにさせた) という英文の後半の部分 ... me happy. で言っている内容を独立した文にすると I'm happy. になります。I am happy. は3つの語からなる文ですが、文全体で表現しているのは「(私は) 幸せだ」という気持ち、ひとつの心理状態、つまり [me happy] をひとかたまりの概念と捉えることができます。

He made a cake.
The song made me happy.

こう考えると The song made me happy. は「この歌は [ぼくは幸せだなぁ、という心理状態] を作った」、あるいは「この歌は [ハッピーな気持ちの私］を作った」という具合に解釈できます。これは He made a cake.（彼はケーキを作った）の「作る／作った」と何ら変わりません。make が本来もつ「創出する」という原義の共通性が見えてきます。「彼がケーキを作る」ように、「その歌は私が幸せだという状態を作る」のです。

もう少し「モノ＋make＋ヒト＋形容詞」の用例を見てみましょう。

1. Mary's letters always make me happy. 〈サ3-060〉

メアリーの手紙を読むといつも幸せになります。

Mary's letters が「私が幸せ」な状態を作ってくれるわけですね。

2. This story made me sad. 〈ト3-023〉

この物語（のせい）で悲しくなりました。

例1と逆の意味の ...make me sad の用例です。直訳すると「この物語は私を悲しくさせた」ですが、日本語としてはしっくりきません。その物語を読んで（聞いて）「悲しくなった」が自然です。

「モノ＋make＋ヒト＋形容詞」を自然な日本語にするには、ヒトの立場からモノについて語る形に変えないと、うまくいきません。例文1と例文2の場合、話し手（me）の立場から「手紙」や「物語」について、心情を交えて述べる形でないと、日本語らしくならないのです。

ヒト（私）の立場から述べるのを好むのが日本語です。

それに対して、英語では、モノからヒト（私）へ働きかける表現が抵抗なくできるのです。

英語は「する」型の表現を好み、日本語は「なる」型の表現を好む、とよく言われます。ヒトもモノも外界に積極的に働きかけるのが英語流ですが、日本語は自然にそう「なる」という発想の表現をします。

英語の使役表現は、日本語の発想からすると、とても遠い表現ということになります。

おさらい英文法

第 5 文型を作る使役用法の make

「～はヒトを…な状態にさせる」（日本語では…な状態になる）という使役表現で make が用いられる時は第 5 文型（SVOC）をとる。「主語＋ make ＋ヒト＋形容詞」という形で、目的語の「人」を、補語である「形容詞」の状態に「させる」。

まとめ

The song made me happy. は「その歌が私を幸せにした」でなく「その歌を聞いて（私は）幸せ（な気持ち）になった」と意訳しないと日本語らしい表現にならない。The song made me happy. は、He made a cake. と同列にとらえることによって、make に共通する「作る」感覚が見えてくる。

Lesson 38 コトがヒトに働きかける英語 コトについての心情を述べる日本語

✦コンピューターを壊されて激怒

英 My sister broke my computer. That made me angry. 〈ワ 3-007〉

日 妹が私のコンピューターを壊しました。それで怒りました。

「妹にコンピューターを壊されて、怒り心頭」という状況です。これを英語ではmakeを使い、コトがヒトに働きかける文型「コト＋make＋ヒト＋形容詞」で表現します。

「妹がコンピューターを壊したというコトが"怒り心頭の私"を作った」という文意です。これも日本語の発想にはありません。日本語では通常、ある事態（that＝そのこと）が話し手に働きかける言い方はしません。

コトがヒトに働きかけるのでなく、ヒトの立場からコトについて、心情を交えて述べる日本語的な形に変えてみましょう。

「そのことが私を怒らせた」⇒「そのことで（私は）腹が立った」

日本語として抵抗のない表現になりましたね。

コトがヒトに働きかけるmakeの例を分析してみましょう。

1. **I played tennis for five hours. That made me tired.** 〈ワ3-007〉
   5時間テニスをしました。それで疲れました

この例1も「5時間テニスしたコト」が「疲労困憊(こんぱい)した私」を「作っ

た」という風に解釈できます。この例でも、ヒトの立場から心情を述べる形に転じると、日本語らしい表現になります。「そのコトが、私を疲れさせた」⇒「それで（私は）疲れた」です。

次はヒトがヒトに働きかける make の例です。

2. You made us interested in playing a game of *shogi*. 〈サ3-093〉
（あなたの）おかげで（私達は）将棋に興味を持つようになりました。

モノやコトがヒトに働きかけるのでなく、ヒトがヒトに働きかける「ヒト + make + ヒト + 形容詞」の表現も、英語は多用します。この例2がそれです。しかし「ヒトがヒトを～な状態にする」構文も、日本語ではあまり使いません。英語の主語「あなた」のままでなく、見方を変えて、視点を「私達」のほうへ転じると、日本語として落ち着きます。

紹介した各例の和訳文に共通して見られるように、日本語では私や私達（つまり話し手である一人称）の側から見た表現が好まれます。

ここまでの各例と同じ状況を、逆に、日本語から自由に発想すると、次のような表現になります。それをさらに英訳した例も見てください。

妹にコンピューターを壊されて、頭にきました。

My sister broke my computer, so I got angry. 〈創作例〉

日本語で発想すると、事態を「私」の視点から見た「（私は）妹にコンピューターを壊された」という受け身文が思い浮かびます。被害を受けたとき、日本語では「（私は）誰々に何々された」と受け身で主観的に表現しますが、英語は「誰々が何々した」と客観的な（日本語からすると他人事のような）言い方をします。

日本語の発想から作った英語ですが、もちろんこの英語も正しく、普通に通じます。日本語表現にはあまりなじまない「使役」表現の英語を考えるより、日本語発想から英語を作るほうが表現しやすいですね。

まとめ

That made me angry のような「コト＋make＋ヒト＋状態」という使役文において、英語は自己（＝話し手）を客観的な対象（下線＝目的語の me）として描写する。いっぽう日本語は「それで（私は）頭にきた」のように話し手（I）から見た主観的な表現を好む。

Lesson 39 英語の他動詞には使役的な意味を持つものもある

✦ 犬を散歩させます
（犬を飼っている人同士の会話の中で）

英 Let's walk our dogs together some time. 〈サ 2-084〉

日 今度一緒に（私達の）犬を散歩させましょう。

「主語（モノ・コト・ヒト）＋ make ＋ヒト＋形容詞」という使役の用法の英語表現を取り上げてきましたが、英語の動詞には make

以外にも使役的な意味を持つものもあります。

例文は犬好き同士が意気投合して「今度一緒に犬の散歩に行きましょうよ」と誘う場面です。walk my dog を直訳すると「(私の) 犬を散歩させる」という使役的な意味になります。なんと walk の 1 語で「散歩させる」意味になるのです。

この walk は他動詞で第 3 文型「SVO (主語＋動詞＋目的語)」の形で使役的な表現となっています。

walk はよく知られた基礎単語です。

「歩く／散歩する」という自動詞としての意味はみなさんご存じでしょう。例文から our dog を取り去った Let's walk together. は、自分達 (us ⇐ we) が一緒に散歩しようという提案になります。この walk は自動詞です。

でも、walk に「散歩させる」という、使役的な意味の他動詞の用法もあることを知っていて、使いこなせる人はなかなかいないのではないでしょうか。

米国などでは WALK YOUR BIKE という道路標識を目にします。Please walk your bicycle from here. と丁寧に指示する標識もあります。たいてい、自転車を押して歩く人の絵が一緒になっていますので、ひと目で意味が分かりますが、これも他動詞の walk の使役的な表現です。

ちなみに、上野公園にある「西郷さん」の銅像の写真が、ある英語の本に載っていて、その下に Statue of Saigo Takamori walking his dog, in Ueno Park, Tokyo と解説がありました(注)。「犬を散歩させている」という他動詞 walk の用例です。

(注) Christopher Goto-Jones 著『*Modern Japan: A Very Short Introduction*』オックスフォード大学出版より。

☑ 使役的な意味を持つ他動詞はいろいろある！

使役的な意味を持つ他動詞は walk 以外にもあります。いくつか教科書の例を紹介しましょう。

1. **Snow killed the trees in my garden.** 〈ク3-125〉
   うちの庭の木が雪でダメになりました。

kill を「殺す」と覚えている人にはとても衝撃的な表現ですね。しかし kill には「～をダメにする」という使役的な意味もあり、一般的な言い方です。日本語では「～がダメになる」という感じです。こういう状況で、雪が庭木をダメに「した」とは言いません。「なる」のを好む日本語と、「する」のを好む英語の違いを感じます。

2. **The Atomic Bomb Dome reminds us of the tragedy of war.**
   原爆ドームは戦争の悲劇を思い起こさせます。 〈ク 3-038'〉

remind は他動詞としてヒトに（あることを）「思い起こさせる／思い出させる」という意味で用いられます。ここでは日本語も使役表現を使って訳しましたが、普通はヒトの立場から「（私は）思い出す」といった形の表現になります。「原爆ドームを見ると戦争の悲惨さを思い出す」といった感じでしょうか。

なお remind を使った表現に That reminds me.、「それで思い出した（んだけど）」という英語の決まり文句があります。

3. **Images from manga have influenced my designs for many years.** 〈ク3-012〉

私のデザインは長年、マンガのイメージに影響を受けてきました。

モノ（マンガ）がヒト（の考えたデザイン）に影響を与えるという使役的な表現です。自然な日本語では、主語がマンガから「私のデザイン」に変わり、使役的表現は「影響を受けた」に変わります。

まとめ

「（私達の）犬を散歩させよう」は Let's walk our dogs. という。日本語の「させる」がいつも make に相当するとは限らない。walk のように使役的な意味を持つ他動詞も多い。また日本語では、モノがヒトに何か「させる」ことはほとんどない。しかし英語では、モノがヒトに、あるいはモノがモノに、何か「させる」ことがよくある。

さらにひとこと！

自動詞を他動詞に変えると英語らしい表現が生まれる

A dolphin was lying on the beach.〈ク 3-049〉という例文を第 3 章第 1 節の「さらにひとこと！」で紹介しました。イルカが砂浜に横たわっている描写です。ここで登場した lie は取り扱いが厄介な英語の動詞の代表格です。何がどう厄介かというと、自動詞 lie（横たわる）と他動詞 lay（～を横たえる）が紛らわしいうえ、関係のない lie（嘘をつく）とも見分けがつきにくいからです。

これら 3 つの動詞の活用（現在形・過去形・過去分詞形・進行形）を以下にまとめました。発音（綴り字の読み方）も混乱しがちですので、読み方（フリガナ）も各語の下に付けておきます。

	現在	過去	過去分詞	進行形
自動詞 （～が）横たわる 横になる	lie ライ	lay レイ	lain レイン	lying ライイング
他動詞 （～を）横たえる 横にする	lay レイ	laid レイド	laid レイド	laying レイイング
嘘をつく	lie ライ	lied ライド	lied ライド	lying ライイング

A dolphin was lying on the beach. は「イルカが砂浜に横たわっていました」というのが常識的な意味ですが、これがもしイソップ物語やディズニー映画のような寓話だとすると「イルカが砂浜で嘘をついていました」という擬人的な意味にもなりえます。横たわる lie と、嘘をつく lie の、進行形はどちらも lying なので、文脈がないと意味がはっきりしません。

また「ネコがベンチに寝そべった」と言うつもりで、(1) A cat

lied× on the bench.（猫がベンチの上で嘘をついた）とか、(2) A cat laid× on the bench. と、つい言ってしまいそうです。(2) は、自動詞の lie と、他動詞の lay が、こんがらがってしまった状態です。正しくは「(3) A cat lay on the bench.」となります、どうしても他動詞を使いたければ「(2′) A cat laid itself on the bench. ネコがベンチに身（自分自身）を横たえた」のように目的語 itself を補えば文法的に正しくなります。

自動詞と他動詞のペアは混乱を招きがちです。これは日本語でも同じで、「横たわる」と「横たえる」の、どちらが「横にする（他動詞）」ほう？　と急に問われると一瞬、戸惑いませんか。自他動詞は、形も意味も似ているペアが多くて、とりわけ外国語では「どっちが、どっちだっけ？」となりがちです。

① rise と② raise も混乱する自他動詞のペアです。どっちが「上げる」でしょうか？　正解は② raise（レイズ）（上げる）です。① rise（ライズ）は「上がる」です。

1. Raise your right hand. Touch your left foot. 〈コ I-106〉
   右手を上げて、左足を触って。
2. The sun rises in the east and sets in the west.
   太陽は東から上がり（昇り）、西に沈みます。

例文 1 は体操の指示です。例文 2 は rise の例文としてよくお目にかかります。例文 2 に関しては、2 つの名詞「sunrise 日の出／sunset 日の入り」をセットで覚えておくと、動詞「rise 上がる」の意味も忘れにくいですね。

私の場合「raise あげる」は、*Raise the Titanic* という映画の題名として記憶に焼きついています。邦題もずばり『レイズ・ザ・タイタニック』そのまんまです。あのタイタニック号を海底から引き上げる映画です。（ちなみに原作の邦訳『タイタニックを引き揚げろ』は新潮文庫で読めます）。

「lie 横たわる／lay 横たえる」にしても「rise 上がる／raise 上げる」にしても自動詞／他動詞のペアは「どっちがどっち？」という状態に陥りやすいのですが、私達にとって幸いなのは、英語は日本語ほど紛らわしい自他動詞のペアが多くないことです。

むしろ、かわいそうなのは日本語を学ぶ外国人のほうです。「バス代がまた上げました×」のような自他動詞の取り違えは、しょっちゅうです。また、カップラーメンを食べるのに「お湯を沸かそう」として「お湯を沸けよう×」と言ってしまう誤りにも、しばしば出くわします。

これは、電気がつく⇒電気をつけよう、窓が開く⇒窓を開けよう、お湯が沸く⇒お湯を沸けよう×、という具合に勘違いから生じた惜しい間違いです。こういう語形の誤りは、先に挙げた日本人の(1) A cat lied× on the bench. や、(2) A cat laid× on the bench. に通じるものがあります。語形がごちゃまぜになってしまう例です。

英語の自他動詞の表現は日本語に訳した場合、意味は通るけれど自然さに欠ける場合があります。Lesson 34 の Someone broke the window. や、その受け身にあたる The window was broken. は他動詞 break を使っていますが、「誰かが窓を割った」「窓が割られた」と日本語にそのまま置き換えて訳してもしっくりきません。日本語では、窓の破損を発見した場合、他動詞「割る」ではなく、自動詞「割れる」を用いて「窓が割れている」と言うのが普通です。

英語は他動詞的表現を好み、日本語は自動詞的表現を好む傾向があります。

日本語では、例えば「いいアパートが見つかった」とか「宿題が終わった」という自動詞を使った表現が自然に聞こえます。もちろん他動詞を選んで「いいアパートを見つけた」とか「宿題を終えた」と言うこともできます。しかし他動詞は、積極的にそうしたという何か特別な意図を感じさせます。

いっぽう英語では、I found a good apartment.（いいアパートを見つけた）とか、I (have) finished my homework.〈サ 3-021'〉（宿題を終えた）のように他動詞を用いた文を多用します。

この感覚の差、自動詞の表現を好む日本語の感覚を、なかなか理解してくれない外国人学習者がいます。I solved the problem. を「（私はその）問題を解いた」でなく「問題が解けた」と言うと日本語らしく聞こえるよ、と助言すると「どうして？」となるわけです。外国人学習者いわく「だって、私が問題を解かなければ、ほかに誰がこの問題を解くんですか」。

ごもっともです。でも、がんばっても解けない問題もあるでしょ。アパートだって、タイミングが悪いと、なかなかいい物件が見つからないんじゃない？　逆に運が良ければ、安くていい物件がすぐ見つかることもあるし…。こんな風に説明すると、学習者は分かったような分からないような表情を浮かべます。

ひるがえって私達、日本人にとっても、I solved the problem. や、I found a good apartment. の英語的「他動詞」感覚は、理解できても、共感しにくいものがあります。英語ではそう言うんだな、という程度の理解で、とりあえず良しとしましょう。

I solved the problem. は「主語＋他動詞＋目的語」という英語に多い「SVO」型の文（第 3 文型）です。主語 I が、外界の (the) problem に働きかけて solve(d) するという積極的な文です。

この英文に比べると「問題が解けた」に代表される日本語の自動詞文には、働きかける主体の I と、働きかけられる相手の対立が存在しません。問題解決という事態の変化が、ひとつの出来事のように描かれます。

日本語の発想から英語の発想に切り替える具体策のひとつは、頭に浮かんだ日本語の自動詞文を、人を主語にした他動詞文にできないか考えることです。自分に関することであれば、まずIを主語に立ててしまいます。次に、外界に働きかける他動詞を見つけるのです。問題が「解ける」のでなく、自分＝Iが「解く」のです。アパートが「見つかる」のでなく、自分＝Iが「見つける」のです。他動詞で、自分Iから世界へ働きかける発想法です。

自動詞の発想から、他動詞の発想へ切り替えることで、外界に働きかける英語らしい表現に近づきます。

第5章

英語で心の思いを表現する

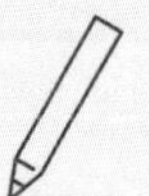

微妙な気持ちは助動詞などを使って伝える

第 5 章は英語の助動詞とその仲間を扱います。助動詞とは、動詞の働きを助け、意味を補足することばです。代表的な will/can/must/may をはじめ shall/should/would/could などが中学 2 年の教科書に出てきます。must に意味の似ている have to なども中 2 で習います。

助動詞には、話し手の心の思いが込められています。

事実を正確に伝えること以上に、外国語で難しいのは、表現に込められた相手の心の思いを感じ取ったり、自分の心情を外国語に託して伝えることではないでしょうか。助動詞が使いこなせると、現実の世界ばかりでなく、心に思う内面世界も言い表せるようになり、表現の幅がぐっと拡がります。

(If you like movies,) you should watch Japanese movies. 〈ト 2-114〉

(映画が好きなら) 日本の映画を見たほうがいいです。

下線部分の「(あなたが) 日本の映画を見る (こと)」という内容に関する、話し手の考え方 (赤い文字部分) が、日本語では文末に、英語では文頭近く (主語 you の直後) にきます。この should を、must/have to/had better などに入れ替えることによって微妙な気持ちの違いが表現できるわけです。

第1節 助言のための助動詞

第１節では助言をしたり、助言を求めたりするときに重宝する助動詞の意味・用法を確認します。心の思いを伝える助動詞は、文脈によって解釈に幅が生じるので、実体を捉えにくく、不正確にしか覚えていない人も多いようです。まずは誤った思い込みを解くところから始めましょう。

Lesson 40 英語でやわらかく助言するなら助動詞 should を使おう

✦医者に行ったほうがいい

英 You should go to see a doctor. 〈ワ 2-075〉

日 お医者さんに診てもらったほうがいいですよ。

「お医者さんに診てもらうほうがいい」は You should go and see the doctor. や、You should see a doctor. などと言うこともできる。

やわらかく助言をするときは助動詞 should が活躍します。日本語の「～したほうがいい」を見て、反射的に You had better ... を思い付く人が多いかと思います。間違いではありませんが You had better ... は日本語の「～したほうがいい」より、もっと強めの表現です。助言というより、上から目線の指図です。「今、病院に行かないと手遅れになるぞ！」に近い、強さが含まれます。そこまで切迫した状態ではないけれど、相手のためを思って、「～したほうがいい」という感じでやわらかく助言するのがshouldです。

☑ 助動詞の本来のニュアンスは定訳とズレていた？

検定教科書は各社とも巻末に単語の索引を備えています。shouldを見ると最初に「～するべきだ」が挙がっています。そのような事情からshould＝「べきだ」という公式が頭に刷り込まれるのでしょう。

確かにEven if I have problems, I shouldn't give up.〈ト 3-092〉（たとえ問題があっても、あきらめるべきではない）のように、自己の強い意思表示として「べき」と訳すのがふさわしい場合もあります。またYou should read this book.〈サ 2-035, 036〉のような、前後の脈絡から切り離された短文は「読むべき」なのか「読んだほうがいい」のか、よく分からないこともあります。

しかし大体においてshouldが放つ強制力は「べきだ」から連想するほど強くはありません。特に、話し手が聞き手に向かって助言するYou should ... は、穏やかな「～したほうがいいよ」といった程度です。個人的な見解である旨のI think (that) ... を文頭に添え、例えばI think (that) you should go home right now.〈サ 2-035〉「今すぐ帰ったほうがいいと思うんだけど」のように、より控えめに助言することもできます。

相手にやさしく助言するshouldの用例を、教科書から拾って見ていきましょう。

1. **You should take a rest.** 〈ク3-022〉
休みをとったほうがいいですよ。
2. **You should take some medicine.** 〈コ2-123〉
何か薬を飲んだほうがいいですよ。
3. **You look sick. You should go home and go to bed.** 〈コ2-123'〉
顔色が悪いね。帰って寝たほうがいいんじゃない。
4. **You should read Higashino Keigo's books.** 〈ワ2-069〉
東野圭吾の本と読むといいよ。

どれもshouldを助言に用いています。日本語を当てる場合は「〜すべきだ」よりも、「〜するといいよ」といった程度のやわらかい表現を選ぶとshouldの語感に近づきます。

☑「〜べきだ」はむしろshallの語感に近い

shouldはもともと、shallの過去形でした。今では別の語のように扱われていますが、もちろん関連があります。You should ... は、過去の形を借りて、You shall ... の意味を薄めた表現です。過去の姿を装うことで、今の時点＝現在から距離を置き、直接的な物言いを和らげているのです。日本語でも「これでいいですか」の代わりに「こちらでよろしかったでしょうか」という接客表現が広まっています。おそらく同様の発想でしょう。

いっぽうshallは話し手の（youに対する）強固な意思を表します。「（お前は）絶対に〜するべきだ」という命令に近い感じです。ですから「べきだ」は、shouldよりも、むしろshallにふさわしい訳語です。

You should go home ...（家に帰ったほうがいいんじゃないの）」をshallに代えてYou shall go home. にすると、命令文のGo home.

と同じような強い意味になります。命令文との違いは、話し手の強い意志がshallに込められている点です。shallを際立たせて言うと「お前はぜったい家に帰るのだ」という強制的なニュアンスになります。

You should ... もYou shall ... も、文面上の主語は聞き手のyouですが、助動詞（should/shall）に込められている心情は話し手のものです。話し手が、you go homeという文の内容について、どう思っているかを、助動詞が示しているのです。shouldは軽く背中を押す感じ、shallは強制的に腕を引っ張る感じ、というと分かりやすいでしょうか。

shall/shouldだけでなく、助動詞は現在形よりも過去形のほうが丁寧になります。例えばCan you ...? よりもCould you ...? のほうが、またWill you ...? よりもWould you ...? のほうが丁寧です。couldもwouldも過去の形をしていますが、意味は過去でなく、過去を装うことにより現在と距離を置いて、表現を和らげているのです。

なお、ここで取り上げたYou shall go home. は古風な言い方で、中学レベルを超えます。

中学の教科書に取り上げられているshallの用法は次の2つです。

1. Ⓐ **Shall we meet at the station?**
   Ⓑ **Yes, let's.** 〈サ2-032〉

   Ⓐ 駅で会いましょうか？
   Ⓑ そうしましょう。

2. **You don't look well. Shall I take you to the nurse's office?** 〈ワ2-053〉

   具合が良くなさそうですね。保健室に連れて行ってあげましょうか？

例文1はShall we ...? で、weを主語として提案する形で相手を誘い、Yes, let's. で応じています。反対に応じ（たく）ない場合は No, let's not. などと答えます。

例文 2 は助力を申し出る Shall I ...? の例です。受け入れるなら、Yes, please. Thank you. などと応じます。断るときは、No, thank you. I'm all right. などと答えます。

まとめ

日本語の「(～する) べきだ」は強制を伴っている。should は「(～する) べきだ」に相当するほど、押しの強い表現ではない。特に、やわらかく勧めるのときの You should ... は「～したほうがいい」程度の穏やかなニュアンスで使うことが多い。「～するべきだ」の強い表現はむしろ should の現在形の shall の語感に近い。

Lesson 41 should の疑問文を使って助言や指示を求める

✦どこで降りたらいいですか

英 Where should I get off the bus? 〈ホ 2-078'〉

日 どこでバスを降りたらいいですか？

バスや電車の乗り降りは get on ⇔ get off で表現する。

やわらかく助言をする助動詞 should（～したほうがいい）は、疑問文 Should I/we ...? の形にして「（どうし）たらいいですか」と、助言や指示をあおぐことができます。「どこでバスを降りたらよいか」以外にも、Should I get on that bus?（あのバスに乗ればいいですか）、Which bus should I get on?（どのバスに乗ったらいいですか）、Should I get off at the next stop?（次のバス停で降りればいいですか）など、いろいろ便利に使える Should I ...? です。

助言・指示をあおぐ Should I ...? の使い方を確認しておきましょう。地下鉄の乗り換えについて外国人 A に尋ねられる場面です。

A **Which line should I take from Aoyama-itchome?**
B **Take the Oedo Line.** 〈ホ3-068, 069〉

A 青山一丁目から何線に乗ったらいいですか？
B 大江戸線に乗ってください。

take = 乗る。get on は乗り込む行為なのに対し、take は交通機関を利用することを意味する。

駅の乗り換えや道を聞くとき、Should I/we ...? は大活躍します。教えてあげる側の B は、please といった言葉がなく、いきなり動詞 Take ... で始まりますが、日本語の命令文「大江戸線に乗れ」「大江戸線に乗りなさい」といった命令口調の上から目線なニュアンスはありません。英語の道案内では単刀直入に情報を提示するのがお決まりです。

まとめ

相手に助言を求めるときの「～したらいいですか」は、Should I/we ...? という。should は、助言するにも、助言してもらうにも、重宝する助動詞。助言するときは You should ...「～したほうがいい」を使う。

さらにひとこと！

Please ... と「～してください／～しなさい」

Lesson 41 に出てきた “Take the Oedo Line.” は直訳すると「大江戸線に乗れ」ですが、時代劇風に言うなら「大江戸線にお乗りなされ」となります。現代でも関西では「(お) 乗りなはれ」と言いますよね。この「(お～) なはれ」が、英語で道案内するときに使う命令文の感覚に近いと思います。英語の「命令文」は、文字通り命令するときに限らず、指示や助言といった幅広い状況で使います。

相手のために教えてあげたり指示するときは、please を用いないことがあります。逆に、自分のために教えを乞うときや依頼するときは、please やそれに類する表現が必要になります。

英語の please の有無は、日本語の「～してください」と「～しなさい」の、かつての使い分けを思い起こさせます。「この薬を飲んで、ゆっくりお休みなさい」という表現は、医者から患者へ向けた指示・助言として、かつては普通に使われていましたが、現代ではあまり聞かれなくなりました。「ゆっくりお休みなさい」でなく「ゆっくりお休みください」と言うほうが今や一般的でしょう。

命令しない英語の「命令文」

「～してください」は、例えば「書くものを貸してください」のように、話し手が利益を得るときに使うのが本来の用法です。相手が自分に「くださる」のです。「ゆっくりお休みください」は、相手が自分に「くださる」のでなく、「ゆっくり休養する」ことで聞き手のほうが利益を得ます。本来の「くださる」とは、利益の向かう先が逆ですから、かつては「ゆっくりお休みなさい」と言っていたわけです。

従来「～しなさい」は聞き手が利益を得る指示・助言として使

われていましたが、この表現に命令調の強さを感じる人が増えたせいか、次第に使われなくなってきました。今の「〜しなさい」は子どもに「早く寝なさい」とか、試験問題で「正しいものをひとつ選びなさい」のように、あきらかに上から下への指図・命令に、使用できる範囲が狭まりました。そのほか謝罪の「ごめんなさい」や、就寝前の「お休みなさい」など定型句として、わずかに残っています。

1. Turn right at the third intersection. 〈ク 3-010〉
   3 つめの交差点を右に曲がってください。
2. Go down this street and turn left at the bank. 〈ク 3-010〉
   この道をずっと行って銀行を左に曲がってください。

これら 2 つ例のように、英語で道案内をするときは please を使わないのが普通です。かつての日本語なら「〜なされ／〜なさい」がぴったりだったでしょうが、現代では見知らぬ人に「〜なさい」は使えません。「(そこの車) 止まりなさい」と言えるは、白バイ警官が交通違反の車を止めるときくらいです。ですから「〜しなさい」は、事実上もはや命令に限定されています。しかし、英語では命令文が指示や助言として使えるのです。

「どうぞ、おかけ……」で苦戦する日本語学習者

さて、やや混んでいる電車の中での出来事です。目の前の席が空いたので、日本語クラスの学生が先生に言いました、「先生、どうぞおかけなさい」。

普通の日本人は、こう言われると、びっくりしたり、気を悪くしたりしますが、日本語教師は日頃から問題な日本語に鍛えられていますので、これくらいのことには動じません。日常茶飯事です。

即座に「どうぞおかけください」でしょ、と正しいモデルを示

して、学生に言い直させてから、笑顔で「どうもありがとう」と学生の好意に甘えます。

学生の言った「どうぞおかけなさい」は、英語の Please sit down. に、敬語の「なさる」を加味した表現のようでした。Please .... の基本は、話し手が自分のために相手側へ働きかける表現ですが、自分のためでなく、相手に強く勧める場合にも Please .... を用います。Please sit down. は後者のケースです。

Please sit down. を素直に「どうぞ座ってください」と日本語にすれば、何も問題は起こらなかったはずですが、あいにく、その学生はなまじ敬語を知っていました。「座る」の尊敬語は「かける」、「する」の尊敬語は「(お～) なさる」という知識を持っていたのです。そこで出てきたのが、「先生、どうぞおかけなさい」。

現代の地下鉄「大江戸線」車中でなく、江戸時代どこかの藩のご家中における武士仲間であれば「おかけなされ」でよかったわけです。学生の「どうぞおかけなさい」という表現は、現代社会でこそ異質な日本語ですが、発想としては間違っていません。世が世なら、むしろ正しい日本語です。

「席がひとつ空いてござる。おかけなされ。」「かたじけない。」

第2節　義務と確信を表現するには

第2節では「〜なさい／〜てはいけない／〜ねばならない／〜しなくてもいい／〜に違いない」など、命令・義務・禁止・許容・確信などさまざまな心の思いを、英語でどう表現するかについて考えます。

Lesson 42　「〜するのですよ」と教え諭す心情には must を使う

✦晩ごはんまで待つのですよ

Don't eat snacks before dinner. You must wait for dinner. 〈サ 2-026'〉

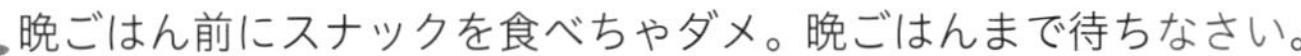

晩ごはん前にスナックを食べちゃダメ。晩ごはんまで待ちなさい。

「食べてはいけません」は「食べるな」、「待ちなさい」や「待つのですよ」は「待て」とほぼ同じ機能を果たしつつ、やや丸みを持たせた表現と言えましょう。命令文の「食べるな」や「待て」には、やはり強さがあります。

英語でも Don't eat. という禁止（の命令）文、Wait for dinner.（晩ごはんまで待ちなさい〔←夕食を待て〕）という命令文で強制力を発揮（して相手の行動を制御）することができます。

ただ、ここで「〜するのですよ」といった教え諭す気持ちも表現したい場合はmustの出番です。youを主語にして普通の文（平叙文）のYou must wait for dinner.にすると「晩ごはんまで待たなければいけません（よ）」のように教え諭す感じになります。mustを用いることで、命令形とほぼ同じ機能を、親身な心情を加味しつつ果たすことができます。

例文は家で親が子に言う状況なので、日本語では直接的な「待ちなさい」が自然です。しかし、よその大人が相手なら、日本語では例えば「待たないといけない」といった二重否定（＝肯定）で状況を遠回しに説明するなどして、直接「待ちなさい」と指示するのを避ける方略がしばしばとられます。mustはそんな日本人にも使いやすい指示の表現かもしれません。

☑ 親身に教え諭すmust表現

mustの「～（し）ないといけませんよ／～（する）のですよ／～（ねば）なりません」といった教え諭す語感をもう少し見ていきましょう。

1. **Kenta, you must clean your room.** 〈ワ2-075〉
   健太、自分の部屋を掃除しなさい（掃除しないとだめでしょ）。

日本語の「部屋を掃除しなさい」から英文を発想すると、命令文Clean your room.がまず頭に浮かぶかと思います。これも正答です。でも命令口調よりも教え諭すような感情に近いと判断した場合は、You must ... が適しています。

意味を知っているとしても、使いこなせるかは別問題です。「～するのですよ」という教え諭す気持ちを言いたいとき、You must ...に思い至るかどうかが、使える英語かどうかの分かれ目になります。

2. **If you wish to see a change in the world, you must change yourself first.** 〈サ2-067〉
世界の変化を見たければ、まず自分自身が変わらなければなりません。

「(変わら) なければなりません」も、このままなら must に結び付きやすいのですが、日本語表現の言葉尻が少し変わって「(変わる) のですよ」となっていても must が思い浮かぶかどうかが大切なところです。

日本語では文末付近に話し手の気持ちが表れます。その気持ちをうまく読み取って、また自由作文や会話時には自分の気持ちを、英語の助動詞に託します。

3. **We mustn't give up until the last moment.** 〈ワ2-020〉
最後の瞬間まで、あきらめてはいけません。
4. **We must not (mustn't) panic when an earthquake happens.**
地震が起きたとき、うろたえてはいけません。 〈ク 2-037'〉

例文3と例文4は must not (mustn't) を使った禁止の用例です。例文3は、強く禁止する命令調の Never give up (until the last moment). を、平叙文で穏やかに述べたものです。

例4は日本語が、英作文しやすい「(うろたえ) てはいけません」でなく、もし「(うろたえ) ないように」などになっていても、言葉尻に惑わされないよう気をつけてください。教え諭すような口調で禁止するとき We must not .../You must not ... を用います。

(1) You must wait. は命令する Wait. と同じ意味内容、(2) You must not (mustn't) wait. は禁止する Don't wait. と同じ意味内容のことを、教え諭すように述べる言い方である。「(1) 待たなければいけません（よ）」「(2) 待って（いて）はいけません（よ）」といった感じである。

Lesson 43 外圧からの義務には have to 内面から起こる義務には must

✦行かなければなりません
（翌日から新学期が始まる）

英 I have to go to school tomorrow. 〈サ 2-035〉

日 あした学校に行かなければなりません。

「ねばならない」にあたる意味の英語としては must と have to が使われます。どちらも日本語にすると「ねばならない」という義務の表現で区別がつかなくなってしまいますが、must と have to の「ねばならない」気持ちには違いがあります。

have to の「ねばならない」は周囲の制約からくる外圧的な動機付けが前提となっています。いっぽう must は、外部の状況（外からの制約）でなく、内から沸き起こる意識（義務感）によって、そうする必要性を感じる場合に用います。

翌日から学校が始まる例文の状況は、外からの制約ですので、must は当てはまりません。have to を用いて、あした学校に行く「予定」から逃れがたい、という客観的な状況としての「義務」を述べています。自分の置かれた状況を客観的に説明する have to です。

例文の have to を must に入れ替えて I must go to school tomorrow. に変えると、背景となる状況が違ってきます。must は内発的な動機付けによる義務の意識を反映しています。例えば、図書室の散らかった本の整理をしたいので（いま夏休みだけど）、あしたあたり学校に行かなくては、という場合なら I must go to school tomorrow. がふさわしいでしょう。

☑ have to とその否定形の使い方

客観的状況としての義務を示す have to とその否定形 don't have to を使う状況を確認しておきます。

1. I have to leave now. 〈ワ2-075〉
もう失礼しませんと。

何か予定があって、ここに留まることができずに、もう行かなければならない状況です。leave は「（ここを）去る、（ここから）離れる」意味です。場を退席するときの常套句です。

ここで、have to でなく must に変えて I must leave now. にすると、グズグズしているわけにはいかない、意を決して出発しなくては、といった内側から湧き上がる切迫感が伝わります。

2. You don't have to eat the dish. 〈ワ2-075〉
その料理は食べなくても構いません。

外部の状況・制約からくる義務を示す have to の否定形は don't have to という形になります。外からの制約がない、履行する義務を負わない、ということですから「～しなくてもよい」という意味になります。

例文はいろいろ料理がある中で、嫌いなその料理は「食べる必要がない」「残してもいい」と言っている感じになります。

must not を使い You must not eat the dish. と言うと、料理が腐っていたりして「食べてはいけない」という禁止の意味になります。

まとめ

「ねばならない」には2つ意味があり、状況に応じて、must と、have to を使い分ける。must は、自分の内側から湧き上がる「ねばならない」気持ちを示す。have to は、話し手を取り巻く外側からの制約によって「ねばならない」と思わされる場合の表現である。

Lesson 44 確信を持った「推量」と「義務」の深い関係

✦疲れているに違いありません

英 He must be tired. 〈ク 2-079〉

日 彼は疲れているに違いありません。

助動詞 must にはさまざまな用法があります。確信を持って推量する「（きっと～に）違いない」という心情も must で表現します。

同じ推量でも、「～かもしれない」という場合は He may be tired.（彼は疲れているみたい）となります。may が「よく分からない」当て推量なのに対し、must にはそう確信する根拠があります。「（早朝から一日中ずっと働きづめだったので）彼は疲れているに違いない」といった具合に、そう判断する材料があるとき must を用います。

でもなぜ「ねばならない」という義務を示す must が、「に違いない」という推量の意味も表せるのでしょうか。実は日本語の「ねばならない」も義務と同時に推量の意味も担っているのです。例えば「ハイジャック犯は単独で、事件発生から丸2日以上も寝ていない。すでに疲労困憊（こんぱい）していなければならない。注意力も散漫になっているはずだ。今こそ人質救出のチャンスだ。」のような文脈における「ねばならない／なければならない」は義務でなく推量の表現として用いられています。

状況から判断して導き出される当然の帰結としての推量は、それしか考えられないという意味で、他の可能性を否定するものです。また義務としての「ねばならない」も他の選択肢を排除し、それしかできない、それをする以外に手がない、つまり「やるしかない」という意味です。当然の帰結としての推量と、義務とは、選択の道を狭める側面が共通しています。英語の must が、①義務と、②確信のある推量の、両方の用法を持つのは、日本語の「ねばならない」が多義的であるのと共通します。

確信を持って推量する must の用例を教科書から引用しました。

1. **Lisa must be a great cat lover.** 〈サ2-059〉
   リサは猫がとても好きなはずです。

2. Your father must be a mean man. 〈ワ2-041〉

（あなたの）お父さんは意地が悪い人のはずです。

どちらの例文も話し手の確信が含まれています。日本語訳では「（～な／～の）はず（だ）」に must のニュアンスを託してみました。例文 1 は普段からリサが猫をかわいがっているのを目にしている人の発話のようです。また例文 2 は相手の父親に良くない印象を抱くきっかけとなった経験があるのでしょう。

いずれにしても、どちらの例文からも話し手が何らかの根拠に基づいて、そのように判断・確信していることが must から感じられます。話し手は「（そういう）はずだ」と確信しています。

「（～の）はずだ」という意味の must は、be 動詞とともに must be という結び付きで多用しますが、これ以外に一般動詞とも一緒に使います。例えば Lisa must know something about it.（リサはそれについて何か知っているに違いない）という文でも、must には話し手の確信を持った推量が込められています。

まとめ

must には、(1) 義務と、(2) 確信を持った推量、の 2 つの用法がある。(1) 義務の「ねばならない」と、(2) 確信を示す「～に違いない」の 2 つの表現は、日本語でも関連性がある。

さらにひとこと！

心情の表現のおさらいと応用

第 5 章では、ここまでおもに should/must/have to/had better を取り上げてきました。それぞれの表現を比べながら、まず使い分けをおさらいしましょう。

◆穏やかに助言するなら should

4 つの表現 should/must/have to/had better のうち、いちばん押しが弱いのは should です。次の例文をご覧ください。大阪城についての説明です。

There is a museum in the castle. You can learn about the history of the castle. It's really interesting. You should visit it.

〈コ 2-120〉

このお城には博物館があります。お城の歴史について学べます。ほんとうに興味深いです。ぜひ訪れてください。

最後の文 You should visit it. の should には、話し手から聞き手に対する穏やかな助言、お勧めの気持ちが込められています。その意を汲んで日本語は「ぜひ訪れてください」という訳を当てました。

◆上から目線の忠告、強制に近い had better にご用心

You should visit it. は文脈次第で「訪れたほうがいいですよ」という訳がふさわしい場合もあります。逆に、日本語から英文を発想するとき気を付けたいのは「訪れたほうがいいですよ」という日本語に惑わされて、You had better visit it. を安易に使わないことです。

had better は、穏やかなお勧めではなく、上から目線の忠告であり、ほとんど強制に近い表現です。

"You'd better go to the left," the boy told me.
「左が好(い)いだろう」と小僧が命令した。

これは、夏目漱石『夢十夜』第三夜のある英訳と、その原文です(注)。この英訳では「命令」口調として、had better が用いられています。左に行くがいい、左に行きなさいよ、さあ左へ行けよ、といった「命令」調の含みを、翻訳者は had better に込めたのでしょう。

had better の better は、good/better/best の better ですから、その字面から穏やかに勧める表現のような印象を抱きがちですが、そこがこの表現の落とし穴です。うっかり目上の人に、You'd better visit the castle. なんて言うと、気分を害されかねません。本人にその気がなくても「無礼な外国人」というレッテルを貼られてしまいます。なまじ発音が良かったりすると、なおさらです。英語がたどたどしいうちは、言葉の問題として大目に見てももらえるでしょう。しかし、だんだん上手になると、言葉の問題でなく、本人の性格の問題に帰せられてしまいます。うまくなればなるほど、周囲の目は厳しくなるものです。

(注) Takumi Kashima/Loretta R. Lorenz 英訳『*Ten Nights' Dreams*』Soseki Museum in London. 〈https://books.google.co.jp/books?id=Wb6rTii5a9EC&source=gbs_ViewAPI&redir_esc=y〉より。

◆ 2種類の「ねばならない」must と have to

では次に2種類の「ねばならない」つまり must と have to のおさらいに移ります。下の会話では must でなく have to を用いています。どうして have to なのか考えながら、目を通してください。

A : What's the history homework?
B : We have to read about an important person. 〈ク 2-052〉
A : 歴史の宿題は何ですか。

B：ある重要な人物について読まなければなりません。

歴史上の重要人物について読むのが宿題のようですね。宿題はたいがい、これをしなさい、いついつまでに提出しなさい、と強制されるものと相場が決まっています。やりたくて自分からやるのでなく、やりたくなくても先生にやらされるのが宿題です。つまり、内からの自発的な意欲としての「ねばならない／must」でなく、外からの強制的な制約としての「ねばならない／have to」です。

同じ宿題にしても、例えば夏休みの自由研究課題のように、何をしてもいい、好きなことを好きなように取り組めるとしましょう。そして、まずは本を借りて読もう、という思いに至った場合、I must borrow some books and read them. のように must を用いて、内から湧き上がる気持ち、自分自身への課題であることを表現します。

◆日本語学習者の間違い「あなたはそれをしないべきです」

ここで少し脇道にそれて、外国人のちょっと変わった日本語にまつわるエピソードを紹介したいと思います。

「あなたはそれをしないべきです」と、ある外国人が口にしました。

言いたいことは分かるけど、日本人はそう言わない、という微妙な間違いです。普通は「そんなことすべきではありません」「そんなことしないほうがいいです」と言うでしょう。

同じことを英語で言うなら、You shouldn't (should not) do that. がおそらく一番自然でしょう。あまり好ましくない行動を目にしたとき、「そんなことしないほうがいいです（よ）」という意味で、やわらかく諭すのに便利な表現です。

「しないべきだ」という日本語は、英語の You shouldn't do

that. を素直に訳したら生じないはずの間違いです（should を「べきだ」と対応させることの是非はさておき）。should not do は should do を否定する表現ですから、「するべきだ＋not（でない）」⇒「するべきで（は）ない／するべきじゃない」が自然に出てきてよさそうなのですが、「しないべきだ」と間違って言う日本語学習者は意外と多いのです。

おそらく「するべきではない」という形が複雑なために「しないべきだ」で代用するのではないかと思われます。

◆ must と have to の否定形とその用法

上に紹介した外国人日本語学習者の逸話から分かるように、とかく否定というのは厄介な代物です。ひるがえって、私達、日本人が must と have to に not を付ける場合も注意を要します。下の例で、頭の中を整理しておきましょう。〈ワ 2-075'〉〈コ 2-038〉

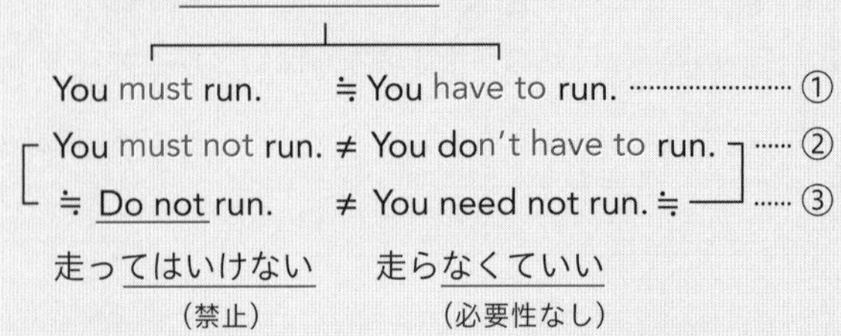

①肯定の must と have to は「しなければならない」という義務の意識が共通しています（外部的要因と内面的要因の違いがあります）。

しかしそれぞれ not を付けて②の否定形にすると意味が異なってきます。

②左側の must not は「してはいけない」という禁止を表す表現です。これは否定の命令文 Do not run. と類義の関係になります。

いっぽう②右側の don't have to は「しなくてもいい／する必要がない」という意味です。

こちらは必要性を否定する You need not run（③右側）と類義の関係になります。

言い換えれば、must not は「しない」ことを命じるのに対して not have to は「しない」ことを許すわけです。

許可と推測の表現

この節では許可を求める「～てもいいですか」と、推測を述べる「～かもしれない」を取り上げます。これらは、日本語では別の表現になりますが、英語では同じ助動詞が用いられます。

Lesson 45 許可を求める may と can の心情の違いは？

✦もっといただいていいですか
（おかわりを頼む）

英 A: May I have more?
B: Sure. 〈ク 2-068〉

日 A：もっといただいていいですか。
B：もちろん。

おかわりを頼むときの表現には May I have seconds? という言い方もある。

許可を求めるときには助動詞 may を用います。なお、Lesson 17 で学んだように、食事を「いただく／食べる」には万能動詞の have が使えます。

許可を求める May I ...? への応答は、形式上 Yes, you may./No, you may not. が文法的に正しいはずですが、これだと「はい、許可します／いいえ、許可しません」という響きで堅苦しすぎます。実際の会話では「はい」ならSure./Of course. などで受けます。求めに応じられない場合はI'm sorry. You can't. などと言って断り、その理由を述べたりします。

Can I ...? も許可を求めるときに使えます。許可を意味するmayの堅苦しさと異なって、能力や可能性を意味するcanのほうが、くだけた言い方として好まれます。

① May I ...? と② Can I ...? を、極端に訳し分ければ「①～してもよろしいでしょうか？」「②～していい？／～できますか？」といった感じです。

① You may use the phone.〈コ 2-101〉と、② You can use the phone.〈創作例〉を比べると、やはり①は「その電話を使うのを許可します」と堅苦しく許可を与える印象を受けます。いっぽう②は「その電話、使っていいよ」に近いくだけた言い方です。

☑ 相手との関係性によってmayとcanを使い分け

許可のmayとcanの用例を、もう少し教科書から紹介しましょう。

1. Ⓐ **Hello. This is Tom. May I speak to Ken, please?**〈サ3-028〉
 Ⓑ **Sorry, but he isn't back yet.**

 Ⓐ もしもし。トムです。ケンくん、お願いします。
 Ⓑ ごめんなさいね、まだ帰ってないの。

電話の決まり文句「May I speak to ～（ヒト）, please?」です。日本語の「～さん（は）いらっしゃいます（でしょう）か／～さんをお願いします」に相当します。英語では、やや改まって、許可を求める表現 May I ...? を用います。

2. A **May I use this computer?**
B **Sure./No problem./OK./All right.** 〈ホ2-029〉

A このコンピューターを使ってもいいですか？
B もちろん。／結構です。／オーケー。／どうぞ。

他人のものを使わせてもらうときによく使う、May I ...? です。日本語では電話やトイレを「借りる」と言いますが、英語では borrow ではなく、May (Can) I use ...? のように「使う = use」を用います。基本的に持ち運びができないものは use です。

3. A **Can I borrow a pen?**
B **Sure. Here you are.** 〈コ2-064〉

A ペンをお借りできますか？
B もちろん。はい、どうぞ。

同じく他人のものを使わせてもらうときによく使う Can I ...? の用例です。ペンは持ち運ぶことができるため、日本語と同じ「借りる = borrow」が使えます。このように borrow が使えるのは持ち運ぶことができるものに限られます。

4. A **Excuse me. May I ask you a favor?**
B **I'm sorry. I'm busy now.** 〈ホ2-028, 029〉

A すみません。ちょっとお願いしていいですか？
B すみません。今ちょっと忙しくて。

A の May I ask you a favor? は、依頼を切り出すときの決まり文句です。応じられそうなら、Sure. や No problem. などと言って、会話を続けます。断る場合は、I'm sorry. の後に理由（言い訳）を述べます。例文 4 では I'm busy now. という常套句で断っています。

日本語には「ちょっと」という便利な表現があります。「ごめん、今ちょっと」のひとことで相手は察してくれます。

なお和訳文は A も B も、同じ「すみません」で話し始めています。日本語の「すみません」は、Excuse me. や I'm sorry. のほか、Thank you. の意味でも使います。日本語では重宝な多義表現ですが、英語にするときは、訳し分けが必要です。

まとめ

許可を求める「～てもいいですか」は、May I ...?/Can I ...? などで表現できる。May I ...? は改まった言い方。打ち解けた間柄なら Can I ...? が一般的である。

Lesson 46 確信が持てない、決めかねている心の「揺れ」を表すなら may

✦遅刻するかも…
（電話で連絡）

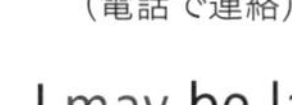

英 I may be late. 〈ク 2-079〉

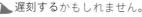

日 遅刻するかもしれません。

交通機関の遅延などで定刻に間に合うかどうか微妙なとき、電話でどう伝えるか。もはや遅刻することが決定的であればI will be late. ですが、まだ間に合う可能性が残されているときはI may be late. と言います。でも結果的に遅刻したときはI am late. となり、その場合はI'm sorry. I'm late. と詫びる羽目になります。誰にでも遅れる可能性はあり得ますので、まとめて覚えておきたい表現です。

未来を予測するwillはもちろんmayやcanなどの助動詞はみな、まだ起きていない事態を話題にしているという意味で、未来を見据えた心中のイメージを言語化したものです。いっぽう助動詞のないI am late. などは現実世界をそのまま描写する表現です。

心の「揺れ」を含意するmayの用法を、教科書の例文で確認しましょう。

1. I may use this for my presentation. 〈ク2-086〉
これを私の発表に使おうかな？

日本語文末の「〜かな？」がなく「使おう。」で終わっていたらI will use ... となります。「〜かな？」は、使うかもしれないし、使わないかもしれないけれど、使うほうに気持ちが傾きかけています。そんな揺れる心理状態を伝えたいときmayを用います。

例文を疑問文にするとmayが許可の意味に変わります。つまりMay I use this for my presentation? という疑問文は、this（が指している資料など）を自分の発表で使用しても良いか、相手に許可を求める問いになります。

ここから分かるように、mayがもつ2種類の代表的な用法、①許可「してもよい」と、②推量「かもしれない」は、別のものでなく、連続性があります。

2. The world that she wants may not come easily, but she keeps striving for it. 〈ホ3-088〉

彼女の望む世界は容易には訪れないかもしれませんが、
それでも（彼女は）懸命な努力を続けています。

ノーベル平和賞のアウンサンスーチー（= she）を題材にした文章の一節です。それが分かると英文も理解しやすくなると思います。

mayは半々の可能性があるとよく説明されます。この課の冒頭の例文I may be late. はちょうどそんな感じです。遅れるかもしれないし、間に合うかもしれない、まだどちらとも言えない情況にmayがちょうど合います。

しかし、この例文は悲観的な可能性が濃厚です。もしthe world (that she wants) may comeなら、そういう世界が訪れる可能性があるわけですが、その可能性をnot ... easilyで否定的に捉えているからです。

まとめ

「遅れるかもしれない」は、I may be late. で言い表せる。自分の気持ちが固まっているならI will ... で意思表示できるが、まだ心が揺れているときはI may ... で気持ちが傾きかけているほうを示す。

Lesson 47 canの「できる」には「能力」と「条件」の２通りある

✦スケートできる？

英 A: Can you skate?
B : Yes, I can. 〈ホ 1-029〉

日 A：スケートできる？
B：うん、できる。

助動詞は多義的で、すべての用法を使いこなすのは大変ですが、canについては「できる」という基本的な意味さえ押さえておけば大丈夫です。

canも「できる」も、①能力があるから「できる」、②条件が整えば「できる」、の２通りに「できる」ことを分けて考えられます。例文のcanは、①スケートをする能力・技能があるから「できる」という意味です。教科書で最初に学ぶcanの用法です。

もう一方の、②条件が整えば「できる」（条件可能）というcanの用法はどのようなときに使われるのでしょうか。

1. Ⓐ **When can you climb Mt. Fuji?**
Ⓑ **We can climb it during summer.** 〈ホ1-030〉

Ⓐ 富士山はいつ登れますか？
Ⓑ 夏の間に登れます。

富士登山が「できる」期間・季節に関する問答です。②気象条件が穏やかで雪のない夏季であれば、一般人＝weにも富士山が登れると言っています。

2. Ⓐ **Can you climb Mt. Fuji during winter?**
Ⓑ **No, I can't. It's too dangerous for me.** 〈創作例〉

Ⓐ（あなたは）冬、富士山に登れますか？
Ⓑ いいえ登れません。（私には）危険すぎます。

このcanは、Bの個人的な能力に関するcanです。冬、富士山に登れるだけの雪山技術を、Bは持っていないようです。

☑「条件」のcanから「許可」や「依頼」へ

canは、Can I ...? の形で許可を求めたり、Can you ...? の形で依頼をするなど、幅広く多義的に使われます。この背景には、条件が整えば「できる」というcanの用法が関係しています。次の例文3や例文4はそのcanの発展的応用とみることができます。

3. Can I use this computer?
このコンピューター、使っていい？

誰が使ってもいいコンピューターで、今ほかに使う人がいないのなら、使わせてもらえるか、というcanの許可を求める用法です。

4. Can you help me?
手伝ってくれる？

今あなたの手が空いていて、ちょっと時間があるなら、手を貸してもらえないだろうか、というcanの依頼をする用法です。

どちらの例文も能力を問う can ではありません。能力があることを前提として、その能力を発揮できる条件・状況が整っているかを問う can です。

can が、能力があるから「できる」のか、条件が整えば「できる」のかは、文脈次第です。

次は、文脈なしの単独の文だと能力か条件かに判断ができない例です。

5. Can you sing this part? 〈コ1-082〉

このパート、歌える？

能力の can だとすると、例えば「このソプラノのパート歌える？」「こんな高い声を出せる？」という疑問文になります。いっぽう条件可能の can だとすると、例えば「合唱でひとり足りないんだけど、このパート歌ってくれない？」「時間ないかなぁ？」という依頼文になります。

can は条件が整えば「できる」という使い方から、いろいろな用法が派生したと考えられます。can は、もともと「知っている≒ know」という意味の一般動詞でした。知らないとできませんが「知っている」と「できる」ので、しだいに「できる」という意味として使われるようになり、やがて今のような助動詞として働くようになりました。

まとめ

can は、(1) 能力があるから「できる」用法と、(2) 条件が整えば「できる」用法とに大別できる。(2) 条件を問う can から、(2a) 許可を求める Can I ...? や、(2b) 依頼をする Can you ...? などの用法が生まれ、幅広く多義的に使われるようになった。

さらにひとこと！

いろいろな顔を持つ英語の助動詞の比較

第 5 章では、話し手の心情を表す助動詞やそれに類する表現をいろいろ学んできました。「心の思い」を正確に伝えるのは、何語であっても容易ではありません。助動詞の意味や用法は広く、かつそれぞれが隣接している場合も多いのです。

ここでは can を中心に助動詞の基本的な意味や使い分けのコツを押さえていきたいと思います。

can は、(1) Can you ...? の形で相手に依頼をするときも、また (2) Can I ...? の形で相手から許可を求めるときにも使えます。つまり can は下図のように (1) will と (2) may の意味（の一部）を兼ね備えていることになります。この背景には Lesson 47 で紹介した can の条件が整えば「できる」いわゆる条件可能の用法が関係しています。

	《will》	《can》	《may》
(1) 依頼	Will you ...?	Can you ...?	
(2) 許可		Can I ...?	May I ...?

まず依頼の、Can you ...? と Will you ...? の違いから考えていきましょう。

Can you help me? も、Will you help me? も、助力を求める表現ですが「ちょっと手を貸して」と軽く頼むときによく使うのは、Can you ...? のほうです。Will you ...? は直接 you の will＝意思を問うのに対して、Can you ...? は相手を取り巻く周辺の状況を尋ねる間接的な問いでであることが関係します。

can を使った依頼は軽やか、will は少し重い意味あいに

Can you ...? と、Will you ...? のどちらで頼まれても、手伝っ

てあげられるなら、Sure./Certainly./OK. などと応じます。手伝ってあげられないときは、(I'm) Sorry. と詫びた後に、I'm busy now. などそれらしい言い訳を付け加えます。

文法的に言うと、Can you ...? に対する否定の答えは No, I can't (can not). で、Will you...? に対する断りは No, I won't (will not). です。しかし、実際の会話では、I'm sorry. などで応答します。

No, I won't (will not). という応答は、私にはそのつもり（あなたを手伝う）意思 will がない、という相当ダイレクトな拒否の表現です。Will you ...? の問いに、No（⇒ No, I won't/will not.）と言うことは、手伝いたい気持ち（＝will）自体を否定することになってしまいます。つまり Will you ...? は、答える相手にとってちょっと重い感じの問いかけ（依頼）です。

その点、Can you ...? と問われた場合は、自分の意思とは関係なく、周囲の状況からして可能か否かを問題にするだけですので、気が楽です。手伝ってあげたい気持ちは山々だけど、今ちょっと手を放せない事情があって、本当にごめんなさいね、という言い訳が Can you ...? であればできるからです。

依頼するとき、Will you ...? よりも、Can you ...? が好まれるのは、以上のような条件可能の can の働きによるものです。

許可を求める、Can I ...? と、May I ...? の使い分けにも、条件可能 can の働きが関係しています。

Lesson 45 で「A: May I have more? — B: Sure.〈ク 2-068〉」という、おかわりの表現を取り上げました。この may を can に入れ替えて、Can I have more? にすると、くだけた感じになることを紹介しましたが、なぜそうなるかというと May I ...? が文字通り許可を求めるやや堅い改まった表現なのに対して、Can I ...? が状況から見て可能かどうかを尋ねる表現のためです。

can see ... は「見られる」と「見える」の意味がある

条件可能の can が出てくる文章を読んでみましょう。

1. There is a great park in New York City. It's Central Park ....
   You can see squirrels and all kinds of birds ....
   Anyway, please visit Central Park sometime. You'll have fun! 〈コ 2-040〉
   ニューヨーク市に大きな公園があります。セントラルパークです。（中略）
   リスやあらゆる種類の鳥が見られます。（中略）
   とにかく、セントラルパークを訪れてください。楽しいですよ！

この例文は会話文ではありませんので、相手の心情に配慮して条件可能の can を用いているわけではありません。セントラルパークに来れば、リスやあらゆる種類の鳥が見られる、という意味で can を用いています。セントラルパークを訪れる条件さえ満たせば、誰でもリスや鳥を見ることができる、という意味の can です。

なお、引用した最後の文 You'll have fun! に助動詞 will が用いられています。（セントラルパークに来れば、あなたは）きっと、楽しい（時間が持てます）よ、といった予測を込めた will です。

can see（見ることができる）を、日本語では「見られる」のほか「見える」とも表現します。

2. Ⓐ Can you see any birds?
   Ⓑ Yes, I can see six birds.
   Ⓐ 鳥が見えますか。
   Ⓑ ええ、6 羽見えます。

バードウォッチャーのBさんが双眼鏡を覗いて野鳥を観察しているところにAさんが通りかかった、という場面です。この場合は日本語では「見える」が自然で、「見られる」は使いません。

3. I can see the mountain. 〈コ 3-142〉
　山が［見える／見られる］。

この例文は状況によって「見える」と「見られる」の両方が可能です。

視力が2.0の人は、遠くの山もはっきり「見える」という意味の can see は、①能力があるから「できる」can の用法です（能力可能）。いっぽう静岡まで行けばいつでも富士山が「見られる」という意味の can see は、②条件が整えば「できる」can の用法です（条件可能）。

ひとつの英語 can see には①能力可能と②条件可能の2つの用法があり、いっぽう、日本語では、①能力可能では「見える」、②条件可能では「見られる」に言い分けることができます。

視力検査の「見える／見えない」は典型的な能力可能の実例です。同様に、聴力検査の「聞こえる／聞こえない」も能力可能の典型例です。

電話が遠くて（音が小さくて）聞き取りにくいとき、英語では Can you hear me?〈コ 3-137〉と言ったりします。日本語だと「聞こえますか」ですね。「聞けますか」ではありません。いっぽう、You can hear good music (event), if you go to that bar on any Sunday.〈創作例〉のような場合は、日本語では「聞けます」であって「聞こえます」ではありません。日曜日にあのバーへ行く手間と時間と出費さえ惜しまなければ、いい音楽（会）が「聞けます」という条件可能です。

日本語では「見える／見られる」や「聞こえる／聞ける」のように、能力可能と条件可能を言い分けることができますが、英語になるとこういう区別が消えてしまいます。

can は多義的に広く使われ、許可の Can I ...? (≒May I ...?) や依頼の Can you ...? (≒Will you ...?) まで、いろいろ使い回しが利くわけです。日本語にある区別を、英語でしなくていいというのは、日本人が英語を学ぶとき楽です（逆に日本語を学ぶ外国人は大変です）。

第4節 want で率直に希望を語る

この節では願望を表す want を取り上げます。want は助動詞でなく動詞ですが、心の働きと深く関わります。I want to ... で自己の願望を述べるのは、日本語の「〜したい」と大して変わりません。しかし、英語では率直に相手の希望を尋ね、また自分の希望も比較的自由に述べられる点が、日本語と異なります。さらに第三者の心の内にある願望を見透かしたような表現も、英語にはよくあります。

Lesson 48 英語では他人の希望も want で断言してしまう

✦エイミーは本を読みたがっています

① I want to read the book.
② Amy wants to read the book. 〈ク 2-078〉

①私はその本が読みたいです。
②エイミーはその本を読みたがっています。

want は「足りない／欠けている」を語源としている。足りないから欲する、というところから願望の表現が生まれた。

日本語では願望を「（動詞し）たい／（動詞し）たがる」、「〜（名詞）がほしい／〜（名詞）をほしがっている」で表現します。「〜たい」

と「〜たがる」には区別があって、①自分には「たい」を、②他者には「たが（ってい）る」を使い分けます。

「私はその本が読みたい／エイミーはその本を読みたがっている」、「私はその本がほしい／エイミーはその本をほしがっている」というようになります。

しかし英語に、こうした使い分けはありません。英語では願望の動作は①自分も②他者も want（to＋動詞）、want（＋目的語）で表現します。① I want to read the book./ ② Amy wants to read the book. のように、I も Amy も区別なく want(s) を使います。英語は①自分と②他者を区別せず、want(s) を自他に共用します。

直訳表現の「エイミーはその本が読みたい×」は日本語では使えません。「エイミーはその本がほしい×」も同様です。非常に変な感じがします。「たい／ほしい」を使うと他人の心の中を見透かしたような言い方に聞こえるからです。

日本語の「たい／ほしい」は自分専用ですが、英語の want は自他共用ということです。。

Amy wants to read the book. は話し手が他者 Amy の気持ちを代弁した文です。あたかも他人の心が読めるような言い方をしています。日本語では、これができません。自他共用の中立・客観的な want と、自分専用の主観的な「たい／ほしい」との違いです。

☑ 人が私に希望する表現、私が人に希望する表現

教科書の用例で、自他共用の want の表現と、それに当たる日本語の関係をさらに見ていきましょう。

1. I want to be a musician.
But my parents want me to be a doctor. 〈ク3-088〉

私はミュージシャンになりたいです。
でも両親は医者にさせたがっています。

中学生が将来の夢・希望を語っています。当人はミュージシャンに「なりたい」そうですが、両親は医者に「させたがって」いるようです。自他共用の want が、日本語では別の表現形式をとっています。

なお「たい／たがる」でなく改まった表現の「望む」や「希望する」であれば want to ... と同じく自分にも他者にも共用できます。他者ばかりでなく自分のことも、やや距離をおいて客観的に語ることができるからです。

①私はミュージシャンになることを望んで／希望しています。

②でも両親は私が医者になることを望んで／希望しています。

しかし、日常の話し言葉では、自分と他者とは別の表現で言い分けます。

さて、My parents want me to be a doctor. のように「他者が私に〜することを希望する」という意味の英文は「ヒト + want(s)+me + to 動詞」という形を取ります。

逆に「私が他者に〜することを希望する」場合は、「I + want + ヒト + to 動詞」という形になります。例文2、例文3を見ていきましょう。

2. Tom wants me to play the piano. 〈ク3-088〉

トムは私にピアノを弾かせたがっています。

日本語は文脈によって「…弾いてもらいたがっています」のような訳がふさわしい場合も考えられます。また他者が自分に希望する場合「…たがっているんです」のように説明調にすることもよくあります。いずれの場合も、英語は自他の区別なく want(s) で「(トムは〜) ほしいです」とずばり言い切ります。

3. I want you to **come with me.** 〈ト3-066〉
私と一緒に来てほしいと思います。

前に述べたように直訳すると「私は (あなたに) 一緒に来てほしいです」となりますが、日本語ではそのような直接的な物言いは好まれません。願望をむき出しにせずに「〜してほしいんですが」とか「〜してほしいと思います」のように文末を和らげるのが普通です。しかし英語ではシンプルに want を使います。ずばり「私はあなたに〜してほしいです」と言い切ればいいのです。表現を和らげるための「思います」といった言葉を英訳する必要もありません。

まとめ

日本語では、自分に「ほしい／たい」を、他者に「ほしがる／たがる」を、というように、自分と他人の願望を表現し分ける。それに対し英語の「want＋名詞／want to＋動詞」は、自分にも他者にも分け隔てなく共用する。そのため、英語では他人の心の内側を見透かしたような表現形式になる。いっぽう日本語は他人の心の中に踏み込まず外側から描写する形式をとる。

Lesson 49 wantで相手の希望をズバリ尋ねる英語はちょっと不躾!?

✦アナタはワタシに〜してホシイですか
(電話で)

英 Do you want me to **take a message?** 〈ホ 3-080〉

日 伝えてほしいことある?

友人宅へ電話したら友人は不在で、お母さんが電話に出た、という状況です。お母さんとは面識があるようで、くだけた口調で、上のように尋ねられました。例文では want を用い、前の課に登場した「誰々は私に〜してほしい」の文型を疑問文に応用しています。

時と場合に応じて言葉づかいを変えるのは日本語でも英語でも同じですが、親しい間柄であれば want を使って相手の希望をずばり尋ねることが英語では許されます。例文を直訳すると「アナタはワタシに伝言を受け(取っ)てホシイですか」となります。

例文は、親しい間柄を前提とした表現です。いつ誰にでも Do you want ...? が使えるわけではありません。

英語にも、打ち解けた表現と、改まった表現があります。I want to ... の丁寧な言い方は I'd like to ... (I would like to ...) です。相手の希望を尋ねる場合、直接的な Do you want to ...? より、Would you like to ...? のほうが間接的なので丁寧に響きます。

なお、電話で伝言の希望を問う定型表現として、Would you like to leave a message?〈ホ 3-080, 081〉や Can I take a message?〈ワ 3-084〉などがあります。ちなみに Can I ...? は、Would you like to...? よりも打

ち解けて、また Do you want...? よりは丁寧な、中間に位置する表現です。

カジュアルな Do you want ...? の例をもう少し見ていきましょう。

1. **Do you want her to call you back?** 〈ホ3-080〉
折り返し彼女から電話させましょうか。

電話で、面識のある人と話している場面です。

英文を逐語訳すると「彼女があなたにコールバック（折り返し電話）することを、あなたは必要としますか」になります。

単刀直入に希望を述べたり尋ねたりできる want ですが、直接的な表現ですので、使う相手と状況に応じて Would you like her to call you back? などの婉曲表現を用いる配慮が必要です。

2. （先生 A と生徒 B が発表会について話す）

A **What are you going to talk about?**

B **Urashima Koichi. He took a lot of beautiful photos.**

A **Do you want to show me some of them?**

B **Yes.** 〈ワ2-072〉

A 何について話す予定ですか。
B 浦島甲一です。（彼は）美しい写真をたくさん撮りました。
A 何枚か写真を私に見せてくれますか。
B はい。

日本語訳「何枚か写真を私に見せてくれますか」は意訳です。逐語訳すると「アナタはワタシに写真を見せたいですか」となります。いくら先生から生徒への質問だからといって、日本語の発想からすると相当に不躾な物言いです。「(あなたは) 見せたいのか」と相手の希望を問うのは、あまりに直接的すぎます。

同じ状況で日本人がやり取りするなら、相手が「見せたい」かもしれないという気持ちを汲み取って、逆に「私が見たい」→「見せてください」と、相手の願望を、自分の希望にすり替えて尋ねるでしょう。でも英語だと、こういう直接的な表現は珍しくありません。考えてみれば、日本語はずいぶん遠回しな言い方をしているわけです。

3. Ⓐ **What are your plan for the future?**

Ⓑ **I want to be a music teacher.**

Ⓐ **Do you want to sing with you students?**

Ⓑ **Yes.** 〈サ2-052〉

Ⓐ 将来の計画は？
Ⓑ 音楽教師になりたいな。
Ⓐ 生徒達と一緒に歌いたいの？
Ⓑ うん。

将来の計画をめぐる友人同士のやり取りです。日本語でも親しい間柄なら「〜したい？」「うん、したい／いや、したくない」という願望むきだしの会話ができます。しかし日本語では「(〜し) たい」が使える相手と場面はかなり限られます。自己の願望つまり「我」を抑制する社会通念が、言語行動にも反映されているのでしょう。

日本語の「(〜し) たい」に比べて、英語の want はより広範に使われます。Do you want to ...? / I want to ... は、相手の意向を尊重し、また自分の希望を率直に伝えることで、不要な気づかいを取り払うのに役立ちます。

Do you want to ...? と英語では、親しい相手の願望をずばり尋ねても構わない。むしろストレートに尋ねることが、相手の意向を尊重する結果につながる。また I want to ... で自分の希望をはっきり伝える機会も（日本語より）多い。いっぽう日本語では「～したいと思う／～してもらいたい」のように、願望をむきだしにせず、遠慮がちに自分の意向を述べることが好まれる。

さらにひとこと！

Do you want to ...?と「～したいですか」のズレ

英語ネイティブに日本語を教えていると「先生は、私が書いた作文を読みたいですか」といった質問をされることが結構よくあります。似たような経験を、きっと多くの日本語教師がしていると思います。作文を添削するのも教師の仕事ですから直しますけど、別に「読みたい」わけではないんですよね、正直なところ。

「私が書いた作文を読みたいですか」に当たる英語は、Do you want to read a composition (that) I wrote? です。Lesson 49 で学んだように、Do you want to ...?は、Will you ...?/Can you ...?と同じく、親しい相手に何かをズバリ頼むときに便利な表現です。

いくら親しくても、学生と教師の間では、もう少し丁寧に、Could you (kindly) read a composition I wrote? あるいは、Would you like to read a composition I wrote? などの表現を心がけたほうが無難です。当の学生も、前者 Would you like to read ...? のつもりで「読みたいですか」と言ったのかもしれません。ただ丁寧な Would you ...?も直訳すると「～なさりたいですか」のように、やはり「～たい」が表面に出てしまい、日本語としては不躾な印象を受けます。

こういう場面でこそ、やりもらい表現（第 4 章 1 節）を用いた「～していただけますか」が使えると、相手の日本人に好印象を与えること間違いなしです。話し相手の希望を問うのでなく、見方を転じて、話し手自身が相手から恩恵を受ける「いただく」表現形式を選ぶわけです。

Would you ...?と Could you ...?を使い分けるコツ

ひるがえって私たちが好印象を与える英語を使うにはどうしたらいいか考えてみましょう。Would you ...?と Could you ...?は、どちらも丁寧な表現ですが、(1) 相手に何か勧めるときはWould you like ...?を、(2) 相手に何か依頼するときはCould you ...?を使うと覚えておけば、まずは大丈夫です。

教科書の用例でそれぞれの使い方を確認しておきましょう。

1. A Would you like some scrambled eggs?
   B Yes, please. / No, thank you. I'm full. 〈ク 3-083〉
   A スクランブルエッグ、いかがですか。
   B はい、お願いします。／いえ、結構です。お腹いっぱいです。
2. A Hello. This is Tom. May I speak to Ken, please?
   B Sorry, but he isn't back yet.
   A Could you ask him to call me back?
   B Sure. 〈サ 3-028〉
   A もしもし。トムです。ケンくん、お願いします。
   B ごめんなさいね、まだ帰ってないの。
   A 電話をくれるよう伝えていただけますか。
   B はい。

例文 2 は Would you (like to) ask him to call me back? でもかまいません。でも両方 OK だと言われると、かえって困りますよね。使い分けの指針・考え方は次の通りです。

まず Would you ...? / Could you ...?は、もとの Will you ...? / Can you ...?に過去の姿を装わせ、現在から距離をおくことで丁寧にした表現です。ですから Would you ...?には、もとの Will you ...?の意味、つまり相手＝you にそうする「will＝意思」が有るか無いかを問うニュアンスが受け継がれています。他方、Could you ...? < Can you ...?は、相手がそれを「できる」状況にあるか否かを尋ねる表現です。「意思」の有無よりも、いま「できる」状況・条件にあるかを問うほうが、断りやすいため、相手

に配慮した表現ということになり、何か依頼するときの表現として Could you ...? （< Can you ...?）が好まれるわけです。

Could you ...?と Would you ...?の使い分けを大雑把にまとめると次のようになります。

	丁寧に	親しく
頼む	Could you ...?	Can you ...?
勧める	Would you like (to) ...?	Do you want (to) ...?

まず、人にものを頼むときは、Could you ...?が丁寧で無難な表現です。親しい間柄であればCan you ...?でもかまいません。そして、人に何か勧めるときは、Would you like (to) ...?が丁寧で無難ですが、相手によってはDo you want (to) ...?とズバリ直球勝負に出る手もアリです。

以上は、あくまでも使い分けの大まかなコツです。「Could you ...?か、Would you ...?か、Can you ...?か、Will you ...?か、どれだっけ???」と迷ったまま、瞬間的な失語症になって凍りつかないための備えだと思ってください。

第6章

英語の名詞と冠詞の関係

可算か不可算かがとても重要

第６章では、各種の名詞を冠詞と関連させながら整理していきます。冠詞を持たない日本語の話者である私達にとって a と the の使い分けは英語の難関のひとつです。

単数の a … や複数を示す …s は、数えられるもの「可算名詞」に付きます。数えられないもの「不可算名詞」は単数も複数もなく a … も …s も付けようがありません。例えば「水」(water) は、日英語ともに不可算名詞です。

水１リットルとか、水１トンと数えられるではないか、という反論が聞こえてきそうですが「数えられる」というのは分量や目方を測定できるか否かでなく、日常的な意味で「ひとつ、２つ」と数えられるのか、という意味です。この「数えられる／数えられない」という可算・不可算の感覚が万国語共通なら苦労はないのですが、あいにく日英の２言語間にさえズレが生じていて注意を要します。

第1節 冠詞の有無

この節では、英語の名詞の前に付ける（あるいは付けない）冠詞のa .../an .../the ... などと、名詞の後に付ける（あるいは付けない）複数形の ...s/...es に注目します。これらは日本語にない文法形式なので、日本人はたいてい苦労します。細かいけれども、英作文で間違えると、文全体の正確さ・自然さを損ねる重要な項目です。しっかりと確認していきましょう。

Lesson 50 「音楽」という、とらえどころのないものは数えられるか？

✦ロックが好きです

英 A: Do you like music?
B: Yes, I do. I like rock. 〈ク 1-039〉

日 A：音楽が好きですか。
B：はい（好きです）。ロックが好きです。

何の変哲もない中学１年の英文ですが、music と rock に注目です。a も the も ...s も付いていません。日本語の「音楽」や「ロック」から考えると、当然に思えるかもしれませんが、英語の名詞が a も the も ...s もまとわず「裸」でいるのは特異な部類に属します。

単数を示す a も、複数を示す ...s も伴わない名詞は「数」の概念から解き放たれていることを意味します。また、the が付かないということは「特定」のものでなく、「具体性」を欠いていることを意味します。

つまり music も rock も、数えることを前提とせず、漠然とした「抽象」概念を表しているにすぎないのです。music は音楽全般を指し、rock (music) はロック音楽の分野を大まかに示します。

数えることを前提としない名詞の類例を見てみましょう。

1. I like milk, but I don't like coffee. 〈コ1-051〉

牛乳は好きですが、コーヒーは好きではありません。

先の music と rock は、抽象的な概念でした。この milk と coffee は具体的なモノですが、液体ですので数えられません。いわゆる不可算名詞ですので、文中で何も付けず用います。

語法 ＋アルファ

数えられない名詞の数え方

数えることを前提としていない music も、数えようと思えば、a piece of music (1 曲)、two pieces of music (2 曲) のように数えることができます。ただし a や ...s は piece (曲) に付くのであって、music は常に a や ...s の付かない「裸」のままです。英語の music/rock (music) も、日本語の「音楽／ロック」も、①それ自体は数えられない抽象的な名詞であり、②数える場合は助数詞の「piece／曲」を用いる、という性質が共通しています。なお「楽曲」を指す tune は数えられる名詞で a tune/tunes のように直接 a や ...s が付きます。

2. I like dogs, but I don't like cats. 〈コ1-051〉

犬は好きですが、猫は好きではありません。

例文1と見比べてみましょう。どちらも、「I like X, but I don't like Y.」という同じ文型を用いていますが、例文1と例文2では名詞（XとY）の性質が異なります。

例文2のdogやcatは1匹2匹と数えられる名詞、いわゆる可算名詞です。可算名詞は「数」の概念に縛られることになりますので「裸」の状態ではいられません。複数形のdogsやcatsにして、犬や猫を総称しています。dogsで世の中の犬全般、catsで猫全般を指すわけです（後出Lesson 55参照）。

3. She has long hair. 〈サ1-086'〉

彼女は髪が長いです。

同じ名詞＝モノを、数えたり数えなかったり、という場合もあります。万能動詞haveを学んだ第2章Lesson 15に出てきた例文です。

この例文のhairは冠詞も複数形も付かない状態です。髪型をいう場合のhairは、髪の毛一本一本を問題にしているわけではありませんので、a ... や ...s を付けません。

しかし例えば、長い白髪が一本目立つような場合は、She has a long gray hair. と言えます。a hair/hairsは髪（の毛の一本一本）を、数える対象として見ているわけです。

英語の観点から日本語の名詞を眺めるとどうなるでしょうか。日本語では「音楽／ロック」はもちろん「牛乳／コーヒー」「髪（の毛）」「犬／猫」に至るまで、a ... や ...s に類するものを付けません。つまり日本語の名詞は「単数／複数」を問題にしない「無数」と言うことができます。必要があれば「～匹」や「～杯」など助数詞を付けて数えますが、名詞そのものの形は変わりません。このように日本語話者は、数の形式に束縛されない「無数」の世界に日ごろ暮らしていますので、いざ英語の「有数（単数か複数か）」の異界に踏み込むと戸惑いを覚えます。単数と複数を厳密に区別する英語という別世界（異界）では、意識を切り替え、数に敏感にならないといけません。

まとめ

英語の名詞は、(1) 数えられる可算名詞と、(2) 数えられない不可算名詞に大別できる。さらに不可算名詞は、(2a) 目に見えない抽象的な名詞（music や rock など）と、(2b) 具体的だが形の定まらない物質としての名詞（milk や coffee など）に分けられる。不可算名詞は、数えられない以上、単数の a ... も、複数の ...s も付けられない。いっぽう可算名詞は、単数の a ... や、複数の ...s など「数」を示す形式から逃れることができない。

Lesson 51 「通学する」ことをいう場合の「学校」には実体がない？

✦高校に通っています

英 My sister goes to high school. 〈サ 1-108〉

日 妹は高校に通っています。

この文に含まれる2つの名詞に注目しましょう。sisterと（high）schoolです。sisterにはその前にmyが付いていますが、high schoolには何も付いていません。my sisterにならって、her high school（彼女の／自分の高校）と言ってもよさそうな感じですが「高校に通う」ことを言いたい場合、そうは言いません。

high schoolにはaもtheも付けません。複数形schoolsにもしません。「高校に通っている」というのは、身分や立場を述べる「高校生である」の別の言い方と考えられます。つまり高校はどこでもいいわけで、「ある高校」（a high school）をイメージしているわけでも、特定の「（話し手も聞き手も知っている）あの高校」（the high school）を指しているわけでもありません。いわば抽象概念としてのhigh schoolですからaもtheも付きません。冠詞の付かない無冠詞の状態で用います。

「妹」は抽象概念としての「妹」でなく、実在する「妹」ですから、aもtheも何も付かない無冠詞のsisterでいることはできません。そこでaやtheよりも適当なmyを選ぶことになります。日本語はただ「妹」と言えば普通は自分の妹を指し、相手の妹は「妹さん」と呼んで「～さん」付けにします。くどくど「私」だの「あなた」だのを添える必要はありません。ですから日本語の感覚でmy sisterを見ると、どうして自明のmyをわざわざ言うのか疑問に感じます。このmyは、yourやhis/herなどに対するmyというよりも（もちろんその意味もありますが）、aやtheなどに類するmy、つまり冠詞の働きを兼務するmyと見たほうが、日本人には納得がいきやすいでしょう。

aもtheも付かない抽象的なschoolの類例を見てみましょう。

1. I go to judo school every Sunday. 〈ホ1-042〉

毎週日曜日に柔道場に通っています。

judo school は柔道の道場で、そこに通っているということは、要するに柔道を習って（稽古して）いるという意味です。よく「［ピアノ／珠算／英会話］に通っている」と言ったりします。本当は「［ピアノのレッスン／珠算の塾／英会話の教室］に通う」のでしょうが、教室などのいわゆる器よりも、習い事の中身のほうが大切なので「塾」とか「教室」はよく省かれます。

言ったとしても、建物としての「塾」や「道場」、部屋としての「教室」という物理的な意味は失われています。抽象的な意味の judo school ですので a も the も付けません。いっぽう例えば There is a judo school near the station. という場合の「柔道場」は具体的な建物（やその一部）を意味します。冠詞が付くことによって具体的なモノになります。

2. （家族の写真を見ながら）

Ⓐ **Who's this girl?**

Ⓑ **That's my sister Laura. She goes to university.**
She studies Japanese. 〈ト1-066〉

Ⓐ この女の子は誰ですか？

Ⓑ それは妹のローラです。大学に通っています。
日本語を勉強しています。

B の She goes to university. は、つまり彼女は大学生だという意味です。この university も抽象的な意味ですから a も the も付けません。

語法 +アルファ

英語は上下に無頓着だが単複に厳密

英語では「姉」も「妹」も sister です。特に必要があれば、自分より年上の elder (older) sister か、年下の younger sister かを区別しますが、日常的には sister で一括します。このように英語の sister は「姉」か「妹」かに無頓着でいながら、a sister か sisters かには厳密です。英語と逆に日本語は、上下関係にたいへん厳密なわりに、単数か複数かにはきわめて無頓着です。日英語の名詞感覚が明瞭に分かれる極端な事例といえます。

まとめ

「通学する」は go to school で表現する。school は抽象化しており実体がなく、a も the も付かない。

Lesson 52 冠詞があるかないかで変わってしまう bike の「姿」

✦自転車通学しています

英 A: How do you come to school?
B: I come to school by bike. 〈サ 1-082〉

日 A：どうやって学校に来ますか。
B：自転車で学校に来ます。

通学方法に関する問答です。Lesson 51 と同様に、この例文の school にも冠詞を付けません。実際には特定の学校に通っているのですが、この文脈における school は抽象概念としての school です。

Bの bike（あるいは bicycle）も同様に、（通学）手段としての bike なので冠詞の a も the も付けません。また複数形 bikes にもしません。類例として、by bus/by car/by train などがあります。移動手段としてのバス／車／電車の場合、具体的な車両のイメージを伴いません。1台・2台…と数えることを前提としないため a も the も ...s も付きません。次のやりとりに出てくる bike と見比べてみましょう。

Ⓐ **Oh, you have a new bike.**
Ⓑ **Yes. It's a present from my father.** 〈サ1-084〉

Ⓐ あっ、新しい自転車（を持っているの）ですね。
Ⓑ ええ。父（から）のプレゼントです。

この会話の場合は具体的な自転車なので、bike の前に a を付けます。先の I come to school by bike. における bike は、通学手段としての自転車であって、中古でも何でも bike なら良かったわけです。しかしこの例の自転車は、父親がくれた真新しいプレゼントです。目で見て、手で触り、実際に乗ることができる具体的なモノ（乗り物）としての自転車です。ですから a を付けて a bike とします。また答えの present も具体的なモノ（贈り物）ですから a を付けます。

まとめ

「自転車で通学する」は、go to school by bike と表現する。数えられる名詞、例えば bike は、①無冠詞 bike なら形のない抽象的なコト（移動の手段・方法）を意味する。②a や ...s が付き a bike/bikes になると具体性を帯びてモノ（乗り物としての自転車）になる。同じ自転車が①②ふたつの顔を持っている。

さらにひとこと!

コーヒーは数えられないはずなのに

不可算名詞の coffee を可算化するには、a cup of coffee や two cups of coffee のように、容器の cup に入れ（ることを想定し）て数えるわけです。喫茶店などでは Two coffees, please. が一般的ではありますが、s のない Two coffee, please. と注文することも珍しくありません。この日常表現は、不可算名詞の coffee に two が直接付いている点と、two なのに ...s がなかったり（あったり）するという 2 つの点において変則的です。その理由は Two (cups of) coffee, please. のカッコ部分を省略したためだと考えられます。

Two coffee, please. は、日本語の「コーヒー2 つ、お願いします」とよく似ています。本来なら「コーヒーを 2 杯、お願いします」と言うべきところ、「2 杯」を「2 つ」で代用し、しかも「を」を落としています。Two (cups of) coffee, please. の略し方とよく似ています。どちらも、肝心な情報つまり two「2 つ」と coffee「コーヒー」だけを残し、最小限の依頼表現「please／お願いします」を添え、情報伝達・意思疎通のスリム化が図られた表現です。

Two coffee, please. の coffee は、複数形 coffees にならないことがよくありますが、かといって（two ですから）単数というわけでもありません。この場合の coffee は、単数の a や複数の ...s といった数の形式から解き放たれています。数の形式に囚われない、言ってみれば「無数」の名詞です。

第2節 定冠詞と不定冠詞

「定冠詞 the＋名詞」と「不定冠詞 a＋名詞」の使い分けは、日本人にとって英語の大きな難関のひとつです。上級の外国人日本語学習者でも「は」と「が」の使い分けに苦労するように、英語が達者な日本人も、a と the の選択にはしばしば悩みます。私達のやり直し英語学習では、微妙な違いは後回しにして、a と the の基本に立ち戻って確認していきましょう。

Lesson 53 a で登場し、途中で the に変わっていく「犬」の姿

✦犬を飼っています

英 Kei has a dog. The dog is big. 〈コ 1-153〉

日 ケイは犬を飼っています。その犬は大きいです。

第 1 文の「犬」は a dog、第 2 文は the dog になります。日本語訳では第 2 文を「その犬…」としました。第 1 文を「ケイは×その犬を飼っています」と始めることは当然ながら不可能です。唐突に「その犬」と言われても、聞くほうは「どの犬」か分からないので戸惑ってしまいます。でも第 1 文「ケイは犬を飼っています」に続く第 2 文で「その犬は…」と出てくれば「その (犬)」が「ケイの (犬)」を指すことが先行する第 1 文から理解できます。

このように何を指しているか、すぐ分かる名詞に the を冠します。いっぽう何を指しているのか分からない、聞き手にとって初耳の名詞には a を冠します。

the は指し示すものが分かる＝定まる名詞に冠するのに対し、a は指し示すものが（聞き手からすると）分からない＝定まらない名詞に冠することから「定冠詞・不定冠詞」という名が来ています。なお a/an が付くのは、これまた言うまでもなく、数えられる名詞がひとつ（単数）の場合です。

ちなみに、この Kei has a dog. The dog is big. という短文の連続は、中学 1 年の教科書に載っている例文です。a dog と the dog の違いを指導する狙いのもと、不自然にならない程度に平易な文を連ねています。現実の発話では Kei has a big dog. と 1 文にまとめてしまったり、さらに Kei has a big white dog. と長文化することもあるでしょう。ただ、こうした現実の発話場面でも、その文脈に「犬」が初めて登場するときは a dog であり、次にそれを受けるのが the dog です。Kei has a big dog. The dog is white. のようになります。

次の例文は、a と the の使い分けを、中学 1 年生に説明するのに用いられているものですが、大人にとってもピンとくる例文です。どちらも、友人にペンを借りる場面です。

1. **Do you have a pen?** 〈ク1-143〉
   ペンある？
2. **Do you have the pen?** 〈ク1-143〉
   あのペンある？

例文 1 と 2 の違いは a pen と the pen の 1 箇所だけですが、この差は重要です。

ペンを借りたいとき、ふつうは例 1 の言い方をします。不定冠詞 a + pen ですから、特定のペンでなく、ペンなら何でもいいことになります。例 1 は実質上、Can I borrow a pen?（ペン貸してくれる？）〈コ 2-064〉と同じ機能を果たします（Lesson 45 参照）。

いっぽう例 2 の定冠詞 the + pen は、特定のペンを指しています。「あの／例の／この前の／さっき借りた」ペンを（また）貸して、という文意にとれます。先行の文はありませんが、聞き手も即座に「ああ、あれね」と了解できる言語外の脈絡さえあれば、いきなりでも the pen と言えます。話し手と聞き手が頭の中に共有する the pen を指しているわけです。

脳内の記憶を前提とした「あの〜／the〜」ですから、話し手の思いが聞き手に届かないことも時々あります。例えば、名前が思い出せなくて「ほら、あの人だよ、あの人」とじれったく互いの頭の中を探り合った経験は誰にもおありでしょう。

まとめ

「あのペンある？」は Do you have the pen? と表現する。定冠詞 the は話し手と聞き手が「あの〜／その〜」と特定できる名詞に冠する。不定冠詞 a は聞き手にとって初耳となる不特定の名詞に冠する。

Lesson 54 「ギター」の典型的イメージを共有して演奏する

✦ギターを弾きます

A: Do you play the guitar?
B: Yes, I do.
A: Do you have a guitar?
B: Yes. I have an electric guitar. 〈コ 1-048', 050'〉

A：ギターを弾きますか。
B：はい、弾きます。
A：ギターを持っていますか。
B：はい。エレキ・ギターを持っています。

(an) electric guitar ＝エレキ・ギター

この会話には3回ギターが出てきます。これらの guitar の前に付いている冠詞に注目しましょう。

最初のAの guitar の前には the が、次のAの guitar には a が、Bの electric guitar には an が付いています。guitar は数えられる名詞ですから、a か the か ...s を付けて用います。

それは分かるとして、腑に落ちないのは play the guitar がどうして、いきなり the なのか、という点です。

Kei has a dog. The dog is big. のように最初に a が付いて次にそれを the dog で受けるなら理屈は分かります。しかしこの例文では突然 play the guitar が出てきます。前提となる a guitar が先行していません。

結論から言ってしまうと、英語では演奏＝playする楽器にはtheを付けることになっています。ではなぜ「play＋the＋楽器」という表現をするのでしょうか？　theは話し手と聞き手が特定できるものに付けるわけですが、play the guitarのギターも特定できるものとして考えられているということになります。この場合の、特定できるとは、「ギター」といえば、こんな形でこんな音色、という典型的なイメージを共有できるということです。バイオリンでなく、チェロでなく、ウクレレでもない、ギターというものを皆が連想できる、その典型像をthe guitarで示しているのです。

逆にいうとplay the guitarのguitarは特定の（ある個別の）ギターを指していないことになります。play the guitarのtheの含みを強いて訳出すれば「ギターというものを弾く」と表現できるでしょうか。

さて、その次のAがBに問いかけるguitarにはaが付いています。これはイメージではなく実体のあるギターを持っているかということです。なお複数形guitarsにしてDo you have any guitars?と尋ねることもできます。ギター好きな人なら何本か所有していることでしょう。それを見越した質問です。a guitarにしろguitarsにしろ、ギターを数えられる名詞つまり具体的なモノとして想定しています。

この質問へのBの答えは「エレキ・ギター1本」でした。electric guitarは母音eで始まる語ですので、冠詞はaでなくanを選びan electric guitarとします。

play the guitarのguitarを、別の楽器に入れ替えれば、各種の楽器演奏について表現できます。以下の3例をご覧ください。

1. The girl plays the flute every day. 〈ク1-073'〉
その女の子は毎日フルートを吹きます。

2. I don't play the drums, but I play the piano. 〈コ1-050〉

（私は）ドラムを叩きませんが、ピアノを弾きます。

3. They play music every day. 〈コ1-080'〉
彼らは毎日音楽を演奏します。

日本語では楽器に応じて「弾く／吹く／叩く」などを使い分け、また、それらを総称する「演奏する／奏でる」などの動詞がありますが、英語では play の 1 語で表現できます。そして先の play the guitar のように、楽器は the＋単数形でその典型像をイメージさせます。

例文 1 はこの約束どおり play(s) the flute と単数形ですが、例 2 の play the drums は複数形になっています。これは太鼓ひとつでなく「ドラムセット」であるためです。例文 3 の play music は the がありません。例 3 の play music は、スポーツをするときの play tennis や play baseball の用法と似ています。tennis や baseball と同じように、music は抽象的な名詞なので the で特定化することはしません。

おさらい英文法

an＋母音で始まる名詞
母音で始まる名詞には、a でなく、an を冠する。そうすると母音の連続が避けられ、発音しやすくなる。なお an は one が変形したもの。語源的にいうと one ⇒ an ⇒ a という順番に単純化した。

まとめ

「（あなたは）ギターを弾きますか」は、Do you play the guitar? と表現する。この the guitar は、ギターと聞いて誰もがイメージする典型像を示す。いっぽう Do you have a guitar? の a guitar は、実在する個別のギターを指す。

Lesson 55

世界中のマグロを指すいろいろな言い方

✦マグロは速く泳ぎます

英 The tuna swims faster than the dolphin. 〈ホ 2-100〉

日 マグロはイルカより速く泳ぎます。

この文が言わんとするところは、マグロという種全体を、イルカという種全体と比べた場合、マグロのほうが速く泳ぐ、という意味です。ある個別のマグロや特定のイルカでなく、世界中のマグロやイルカをどう総称するか、その方法をこの課で考えます。

例文では① the tuna/the dolphin と定冠詞を用いていますが、実は複数形② tunas/dolphins でも、不定冠詞を用いた③ a tuna/a dolphin でも、世界中のマグロやイルカを指すことができます。しかし厳密にいうと、① the ... と、② ...s と、③ a ... とでは、総称のしかたがやや異なります。

日常会話では各個体を、②複数形 ...s でひとまとめの群れのように考え、Tunas swim faster than dolphins. のようにして、種全体を総称する言い方が一般的です。たくさんのマグロと、たくさんのイルカが連想されます。Lesson 50 の "I like dogs, but I don't like cats." 〈コ 1-051〉という例文も、複数形 ...s で世の中すべての犬と猫を指していました。

世の中すべてのマグロやイルカの中から平均的な 1 匹／1 頭を標本として抽出したような表現が③ A tuna swims faster than a dolphin. です。1 匹／1 頭だけですが、全体を代表していますので、間接的に全体を総称していることになります。

では冒頭の例文 The tuna swims faster than the dolphin. の、① the ... は何かというと、これはマグロという種やイルカという種を特定し、ほかの魚などと区別して線引きをする冠詞です。図鑑に載っているような、これぞマグロ、これぞイルカという、理想的なマグロ像・イルカ像が思い浮かびます。Lesson 54 冒頭の Do you play the guitar? の the も典型的なギターを連想させる冠詞です。

ほかの例文で、典型例を示す the ... の使い方の用法を確認しましょう。

The blue whale is the largest of all animals.
It is longer than a 25-meter swimming pool! 〈ホ2-100〉

シロナガスクジラはあらゆる動物の中で最大です。
25 メートル・プールよりも長いです。

the ... が、シロナガスクジラという種を、ほかのクジラや動物と線引きをして際立たせる働きをしています。複数形の Blue whales are ... もシロナガスクジラを総称できますが、そうすると後続の第 2 文も、It is ... でなく、複数形の They are ... にしないといけないので、単数形の a 25-meter swimming pool と比較がしにくくなります。

まとめ

「マグロは速く泳ぐ」は、A tuna swims fast./The tuna swims fast./Tunas swim fast. の 3 通りの言い方ができる。可算名詞は a .../the .../...s のいずれかで全体を総称する。複数形 ...s にするのが一般的だが、ある種を特定して別の種と線引きしたいときは the ... を用いる。

さらにひとこと!

「数」にうとい日本人を悩ます英語の単複

ふだん「数」を意識しない日本語話者の私達が、英語という「数」にこだわる世界に踏み込むと戸惑うことばかりです。これまでのレッスンを振り返って、英語の「数」とくに単数形・複数形の区別について再確認してみましょう。

◆複数なのに …s がない

Lesson 55 に出てきた例文をもう一度、圧縮して引用します。

(1) The blue whale is longer than a 25-meter swimming pool.
〈ホ 2-100'〉

この文の 25-meter には …s が付いていません。複数の 25 なのに meter に …s が付かないのは、25-meter がひとまとまりで swimming pool を修飾しているからです。

(2) The five-story pagoda is made of wood. 〈ト 3-022'〉

この five-story pagoda（五重の塔）にも、複数の five が含まれますが、×five-stories pagoda とは言いません。five-story がひとまとまりで pagoda にかかっています。

下の 3 つの英文例を比べてみましょう。どれも年齢に言及していますが、(3) は …s なしの year で、(4) と (5) は …s 付きの years です。

(3) Nancy, a 14-year-old girl, lives in a farm. 〈ワ 2-091〉
(4) A boy of five years old is looking for his mother.
〈サ 3-072 ガイド 3-110'〉
(5) I'm Ben Wilson. I'm thirteen years old. I'm from Canada.
〈ト 1-038〉

(3) は「14 歳」の女の子、ナンシーは農場に住んでいるという説明文です。(4) は「5 歳」の男の子がお母さんを探しているという迷子のアナウンス、(5) はカナダから来たベン・ウィルソンくん「13 歳」の自己紹介です。

日本語に訳すとどれも「～歳 (の子)」になってしまいますが、英文 (3) は 14-year-old がひとかたまりになって girl を修飾する形容詞の働きをしています。

つまり「a 25-meter swimming pool/a five-story pagoda/a 14-year-old girl」は、どれも直後の名詞にかかるひとつの形容詞と化していて、複数の概念を失っています。そのため複数のように見えても ...s を付けないのです。

◆楽器が複数あるのに ...s がない

(6) The girl plays the flute every day. 〈ク 1-073'〉

Lesson 54 に登場した例文です。「play + the + 楽器」という慣用表現を学びました。

では、ここで問題です。もし主語の girl が、単数でなく、複数形 girls の場合、目的語の flute はどうしたらいいでしょう。girls に合わせて複数にすべきでしょうか？

正解は単数のままです。通常、主語が girls になっても flute はそのままで s を付けません。慣用的に「play + the + 楽器 (単数)」が熟語化しているためです。

なお play でなく、具体的な動作を示す beat のような動詞を使ってひとつの (和) 太鼓を叩く場合は、The boy beats a drum ... となって慣用表現でなくなります。

第3節 英語の名詞感覚

第４章「ものの見え方」で、日本語と英語とでは、出来事のとらえ方と表現方法に差異があることを確認しました。似たような感覚のズレは、身の回りにある具体的なモノについても観察されます。例えば、私達、日本人が数えられると思っているモノでも、英語では数えられない不可算名詞に分類されていたりします。理由が分からないと不思議に感じますが、英語には英語の理屈があって、英語流の物事のとらえ方を知るとそれなりに納得がいきます。

Lesson 56 私の身体は「私の」もの あなたの身体は「あなたの」もの

✦目を閉じて

英 Close your eyes. Open your eyes. 〈コ 1-061〉

日 目を閉じて。目を開けて。

こういう場合、日本語ではいちいち「あなたの目」とは言いません。面と向かっている相手（＝you）にわざわざ「あなたの目」と言う必要性がどこにあるのか、と私達、日本語話者はいぶかしく思います。しかし英語では上の your のように身体（の一部 eyes）の所有者であるヒトが前面に現れます。

以下のように目や手や足など身体部位には、その所有者（your や my など）を示すのが英語流です。

1. **Raise your right hand. Touch your left foot.** 〈コ1-106〉
   右手を挙げて。左足に触れて。
2. **My leg hurts. I have a pain here.** 〈ホ1-065〉
   足が痛いです。ここが痛いんです。

身体だけでなく、身に着けている服などについても、その所有者（my や your など）が示されます。

3 （家の電話が鳴って。母 A と娘 B）

A **Can you answer the phone?**

B **I'm sorry, I can't. I'm changing my clothes.** 〈サ1-091'〉

A 電話に出られる？
B ごめんなさい、無理。着替え中なの。

（しばらくして）

A **Are you still changing your clothes?**

B **Yes, I am. Sorry.** 〈サ1-093〉

A まだ着替え中なの？
B うん、そう。ごめん。

英文では着替えについて my clothes と your clothes と言っていますが、日本語ではわざわざ「私の／あなたの」服を着替えているところだ、とは言いません。

日本語では「今、着替えています」と言えば普通は自分の服を着替えているに決まっています。もし幼い子の着替えを手伝っているなら「今、着替えさせています」などと言うでしょう。いずれにしても、服の所有者を明言したりしません。

ですから日本人の英語は「着替え中です」を、myを落とした、I'm changing clothes. としがちです。文法的に問題がないにしても、これだと、マネキン人形の服を替えるとか、タンスの中の冬服を夏服に入れ替える（衣替えの準備）とか、いろいろな意味になりえます。「着替える」はchange one's clothes（one'sは具体的にはmy/your/herなど）と覚えてしまいましょう。

日本語は文脈に依存して、聞き手に察してもらうことを前提とした、省略表現を好むとよく言われます。いっぽう英語は、文脈を離れても意味が通る表現を好むとされます。例文3の会話文における娘Bの状況を客観的に描写すると、She is changing her clothes in her room. となります。うるさいくらいヒトが登場して、正直くどい印象を受けます。逆に言えば、文中にヒトを散りばめると、英語らしく響くということです。

語法 ＋アルファ

やたらヒトが目立つ英語表現

英語の一般的な名詞は「裸」の状態でいることができません。aやthe、あるいはそれに代わるmy/your/our/his/her/theirが必要です。例えば次のようになります。

When we get a taxi, we raise our hand and face our palm to the driver. 〈ト 2-022〉
タクシーを拾うとき、手を挙げて手の平を運転手さんに向けます。

手（hand）や手の平（palm）などの身体部位には、その所有者（our

など）を示すのが英語流です。
　この文の hand や palm は、our＝私達の手や手の平、つまり一人称複数 we の手や手の平ですから複数形 hands/palms かなとも思ってしまうのですが、そうはなっていません。
「タクシーを拾う（つかまえる／止める）」の taxi を見ると a が付いています。全体を代表する一事例のようです。そう考えると hand や palm に ...s を付けないことにも納得がいきます。一般の人々をさす we/our を you/your に入れ替えて When you get a taxi, you raise your hand and face your palm to the driver. とすれば you/your が複数の人々を含意していても見かけ上まったく気になりません。
　それにしても、英文はヒトをさす語がやたら顔を出すものだと改めて感じさせられます。日本語では 1 度も登場しない「私達（の）」が英文では 4 回も出てきます。

まとめ

「着替え中です」という日本語にヒトは表面化しない。いっぽう英語では I'm changing my clothes. のように、主語（着替えしている当人＝I）と、衣服の所有者を示す my が文面に表れる。その結果、英文には日本語よりもはるかに多くのヒトが登場することになる。

Lesson 57 数えられそうで数えられない英語の名詞にはどんなものがあるか

✦トーストかパンケーキか
（朝食を準備中の親Aと子B）

英 A: Which do you want, toast or pancakes?
B: Pancakes, please. 〈コ 1-073〉

日 A：トーストとパンケーキ、どっちがいい？
B：パンケーキにして。

米国でtoastとpancakeと言えば、どちらも似たような朝食の定番です。しかし英単語としては「数」の概念に大きな違いがあります。

toastは数えることができず、pancakeは数えることができるのです。そう聞くと、普通の日本人は「えーっ、なんで？」と不思議に（あるいは不満に）思います。さらに、toastにする前のbread（パン）も数えられません。これまた「それって、どういうこと？」ですよね。

butter（バター）とかmilk（牛乳）とかjuice（果汁）が数えられない名詞だということは納得できると思います。液体は形が一定しませんから数えられませんしbutterも似たようなものです。

実はbreadにも定まった形がありません。フランスパンの1本は棒状ですし、食パンの1斤は四角い箱型、アンパンの1個は丸く平たい形をしています。このようにいろいろな形のパンをひとまとめに総称するbreadは、形があるようで形を特定できないのです。ですから不可算名詞の扱いです。

数えられそうで数えられない名詞としてよく例に出されるのがfurniture（家具）です。desk（机）やchair（椅子）やbed（ベッド）それぞれは数えられるのですが、これらを総称する furniture は抽象概念なので数えられません。

homework も、日本語の「宿題」の感覚だと数えられそうですが、形態が一定しないので、英語では数えられない名詞になります。

同じ名詞が、数えられたり、数えられなかったりする場合もあります。例えば tomato（トマト）は、そのままなら a tomato/two tomatoes/three tomatoes と数えられますが、つぶして食材にしたり tomato juice にしてしまうと数えられません。egg（卵）もそのままなら an egg/two eggs/three eggs と数えられますが、割って中身をかき混ぜると、もう数えられません。

Lesson 55 に出てきたマグロ tuna も、丸ごと 1 匹なら数えられる名詞です。海の中を泳ぎ回る、生きている tuna は数えられるので、the .../a .../...s が付くことになります。

ところが、マグロを解体して切り身や刺身にしたり、あるいは煮たり焼いたりして料理になった tuna は、いろいろな形や大きさに変わりますので、不可算名詞として扱われます。ツナマヨに和えたりすると、それこそ数えられません。調理済みの tuna には、もはや単数の a ... も、複数の ...s も付けられないのです。

☑ 数えられる名詞、数えられない名詞

食べ物を例に、数えられる英単語と、数えられない英単語を見比べていきましょう。まずはハンバーガーとカレーライスから。

1. Ⓐ **Which do you want for lunch on Sunday, a hamburger or curry and rice?**

   Ⓑ **I want a hamburger.** 〈ホ1-081〉

語法 ＋アルファ

英語の助数詞

bread も toast も数えられない名詞ですが、数える方法はあります。日本語の助数詞「斤／本／個」などと同じ要領で数えるのです。食パンの 1 斤やフランスパンの 1 本は a loaf of bred、アンパンなどの 1 個は a roll of bread、トースト 1 枚（1 切れ）は a slice of toast で 2 枚なら two slices of toast となります。

pancake を初めとする cake は、丸のままなら a cake/two cakes と普通に数えるのですが、切り分けた 1 切れ／2 切れは、a piece of cake/two pieces of cake と、助数詞を付けて数えることになります。切り分けると数えられなくなるのはマグロ tuna と同じです。

A 日曜のお昼は、ハンバーガーとカレーライスと、どっちにする？
B ハンバーガーがいいな。

hamburger は数えられる（可算名詞）なので a を付け、curry and rice は数えられない（不可算名詞）なので何も付けずにそのまま用います。この区別は私達、日本人にも納得がいきます。

続いてケーキと果物の語形を見てみましょう。

2. I'm making a cake. Because today is my sister's birthday. 〈コ1-129〉

ケーキを作っています。きょうは妹の誕生日なんです。

3. Miki likes cakes which have a lot of fruit. 〈サ3-068〉

ミキは果物がたくさん入っているケーキが好きです。

cake も数えられる名詞なので a .../...s/the ... と一緒に使うことになります。意味から考えて例文 2 の場合は単数の a cake、例文 3 は複数の cakes にするのが自然です。

例文 3 は、果物がたくさん入っている各種のケーキを総称する意味で複数形 cakes になっています。文末にある fruit は、上で述べた bread や furniture と同じく、リンゴ・ミカン・イチゴ・メロン・ブドウなどさまざまな果実を 1 語で総称する抽象概念ですので、具体像を特定できず、数えることができません。果物が a lot of（たくさん）入っている cakes ですが、fruit に s は付きません。

「多い・少ない」を示す語は可算か不可算かによって使い分けが必要になります。可算の名詞は多い＝many　少ない＝few、不可算の名詞は多い＝much、少ない＝little となります。

しかし、a lot of は、数えられる可算名詞にも、数えられない不可算名詞にも「多い」の意味で使うことができて便利です。

まとめ

「お昼はカレーがいいな」は、I want curry for lunch. と言う。形のない名詞は数えられない。① curry や juice などは形がないので a も ...s も付かない。② bread や fruit は、いろいろな形のパン、各種の果物を束ねる抽象概念なので、数えることができず a も ...s も付かない。

さらにひとこと!

「数」に無頓着なカタカナ英語にご用心

カタカナ英語「フルーツ」の原語 fruits は果実全般を意味し、また「スポーツ」の原語 sports は運動全般を総称します。「フルーツ」と「スポーツ」は、どちらも s 付きの複数形をカタカナ言葉として受け入れた例です。外来語は単数形を受け入れるのが一般的ですが、この 2 語は複数形のまま固定しており、単数に相当する「フルート×／スポート×」はありません。

ちなみにカタカナ英語「パーツ」は英語の parts より意味がずっと狭まって、機械などの「部品」の意味に特化しています。なお「パーツ」にはその単数形に当たる「パート」もあります。Lesson 47 に登場した Can you sing this part?〈コ 1-082〉「このパート、歌える?」がその例です。

また「シャツ」と「パンツ」には、単数に相当する「シャト×」と「パント×」がありません。英語では、単数の a shirt と、複数の shirts を、しっかり区別して使わなければなりません。他方「パンツ」は、そもそも英語が pants（ズボン、パンツの意味）であって、英語でも単数形 pant は使いません（別語「息切れ」は辞書にありますけど）。

複数の「～ツ」や「～ス／～ズ」などの語形で定着した外来語を英文で用いる場合は、原語の用法を辞書などで確認して、カタカナ英語にならないよう注意したいものです。「私の好きなスポーツは野球です」につられて、×My favorite sports is baseball. とやりがちです。

次の例で単数 sport／複数 sports の区別を確認してください。

(1) I like sports a lot. My favorite sport is soccer because it is so exciting. 〈コ 3-047〉
運動が大好きです。好きな種目はサッカーです、とても興奮しますから。

(2) In Finland, boys like winter sports better than summer sports.
So their favorite sport is ice hockey. 〈ワ 2-088〉
フィンランドの男子は夏の競技より冬の競技が好きです。
ですから彼らの好きな種目はアイスホッケーです。

(3) Baseball is the most popular sport in our class.
Soccer is the second most popular sport. 〈ワ 2-102'〉
野球は我がクラスでもっとも人気のある運動種目です。
サッカーが二番目に人気のある運動です。

(4) A_1: Do you like sports?
B_1: Yes, I do.
A_2: What sport do you like the best?
B_2: I like soccer the best. 〈コ 1-048, 3-012', 3-055'、ワ 1-043'〉
A_1：運動は好きですか。
B_1：はい。
A_2：どんな競技がいちばん好きですか。
B_2：サッカーがいちばん好きです。

カタカナ英語の「スポーツ」を避けて和訳してみましたが、無理のある日本語になってしまいました。「運動／競技／種目」よりも「スポーツ」のほうが、しっくりきます。カタカナ英語は、今や日本語に欠かせない存在になっています。原語とのズレに注意しながら、英語学習に役立ててください

終章

日本人が知っておくべき英語の特徴 7つのポイント

この本では英語を学ぶうえで、日本語との比較が欠かせないことを強調しました。英語表現と日本語表現の違いを知り、日本語の特徴と対比させながら英語らしく表現するコツを探ってきました。日本語とは違った発想や視点、カメラワークで表現される英語の世界に興味を持っていただけたとしたら幸いです。

終章では日本語・英語の顕著な性格の違いをおさらいして、日本人が英語を学ぶ際に留意すべき英語の特徴をまとめてみました。

ポイント1 カメラを三脚に据えて客観ショットで表現

言語表現を映像表現に例えると、特徴が理解しやすくなるので、本書では表現者の視点の動きを映像のイメージを借りて、英語と日本語の違いを説明してきました。

英語と日本語はカメラの位置が大きく違います。

英語表現はカメラを三脚に据えて場面全体を俯瞰的にとらえた表現といえるでしょう。

いっぽう日本語は、語り手みずからカメラ片手に、目に映った情景を撮影していく技法です。

Lesson 6では次のような英文を紹介しました。

I saw a rainbow in the sky. 〈ク3-150〉
空に虹が出ていました。

この英文を直訳すると「私は空に虹を見ました」という表現になります。日本語としては非常に不自然な表現ですね。

なぜ英語ではこのような表現をとるのか？

その答えとなるのがカメラの位置です。

英語ではカメラを三脚に据えています。語り手「I」とは通常離れていて、三脚にセットされたカメラのレンズには空も虹も、虹を見ている「私」も客観的に映し出されます。

その結果「私は空に虹を見た」という表現になるのです。

つまり「虹を見る自分をさらに外側から眺める自分（話し手）」が存在するという、まるで「幽体離脱」した魂が自分の肉体を客観視するような描写になるのが英語の特徴です。

これに対して日本語では語り手の「私」がカメラマンも兼ねていて、手持ちで撮影しています。カメラと私は常に密着。通常、カメラには「私」は映り込みません。

手持ちカメラに映るのは、大きな空に虹。それを表現していくと「空に虹が出ていました」となります。

英語表現では語り手の「I」も他の登場人物と同様に客観的に表現し、日本語は語り手の「私」は基本的には姿を見せず、ほかの登場人物と一線を画します。日本語の「私」はカメラを手に世界を映し出す特別な存在ですが、英語の「I」は特別視されず、ほかの登場人物と同じ一被写体にすぎません。

英語は客観的な表現を好み、日本語は主観的な表現を好むとよく言われますが、それは英語と日本語の視点＝カメラの位置の違いにあるといってよいでしょう。

この点を踏まえて「I」を英文の中に客観的に描き込むことが、英語らしく表現するコツです。

ポイント2 話題の中心をまずフォーカスする

カメラの位置だけでなくカメラワークにも英語らしい表現、日本語らしい表現があります。

英語はまず話題の中心をフォーカスしてから、次第に周囲の風景へとズームアウトするカメラワークを好みます。そして日本語は遠景を映し出してから、話題の中心へとズームインするカメラワークを取ることが多いのです。

I saw your sister in the park this morning. 〈サ2-012〉
けさ公園で（あなたの）お姉さんを見ました。

Lesson 5の冒頭で紹介した例文ですが、英文はまず話題の中心となるyour sisterを大写しにしてから、次にその背景のparkや、状況説明となるmorningへと画角を広げていくズームアウト方式で表現されています。

日本語は、その反対に「けさ＞公園＞（あなたの）お姉さん」と画角を狭めていき最後に話題の中心「お姉さん」を大写しするズームインの表現となっています。

英語のズームアウト方式は、関係代名詞を用いた次のような表現にも共通します。

This is a book (which / that) I bought yesterday. 〈コ3-051〉
（これは）きのう買った本です。

英語では、まず先に「これは本だ」と中心的なことを述べ、続いて詳しい説明「きのう買ったんだけどね」を後から付け足します。その反対に日本語は、周辺的な情報「きのう買った」が先にきて、後から出てくる話題の中心「本」を修飾します。

英語では、まず話題の中心から先に提示すること。しかも客観的な描写を心がけることが大切です。

なお、この場合も英文には語り手「I」が現れます。映像に例えると、bookを手にした「I」が画面に登場しているイメージです。ポイント1で説明した三脚に据えたカメラの映像ですね。

和訳文には「私」は出てきません。自明のことはわざわざ言いません。自然な日本語「きのう買った本です」から連想される映像は「本」とそれを持つ手ではないでしょうか。つまり語り手自身の目に映った主観的イメージそのものです。ですから、そこに「私」は出てきません。「私」に「私」は見えないのです。

ポイント3 他動詞で外界に働きかける

自分で自分を見ることは通常できないのですが、英語は自分に関することであれば、主語にIを立てたり、目的語にmeを用いたりして、文面に自分を描き込みます。

例えば、やっと「宿題が終わった」とき、英語でI have finished my homework. といいます(Lesson 27)。直訳すると「私は私の宿題を終えた」となります。この英文にも、しっかりとIがさらにmyも描き込まれています。

同じ内容を日本語では自動詞で「宿題が終わる」と表現しますが、それを英語は「(私が)宿題を終える」と他動詞で言うわけです。どちらも事実としては「私」が宿題をするのですが、話し手のIを主語として文中に描き込み、他動詞を用いて目的語に働きかける文型をとる英語のほうが、積極的な印象を受けます。それに比べれば日本語の「宿題が終わる」は消極的で、「夏が終わる」のと同じように、宿題が自然に終わってしまう感じさえします。

基本5文型でいうと、I (have) finished my homework. は、第3文型 (SVO) に分類できます。第4文型 (SVOO) も第5文型 (SVOC) も、主語が目的語に他動詞で働きかける積極的な他動詞文です。他動詞文には英語らしさが詰まっています。

主語が目的語に何か「〜する (他動詞)」のが好きな英語に対し、日本語は物事が自然に「〜なる (自動詞)」という言い方を好みます。もちろん英語でも、例えば「音楽会は9時に終わった」と言いたいとき、目的語のない第1文型 (SV) で The concert finished/ended at nine. と表現します。自分が関わらない場合は、それでいいのですが、my homework を自分＝Iがするなら、やはり他動詞文で I finished my homework. と言うのが適当です。

私達は無意識のうちに「〜なる (自動詞)」型思考に傾いています。そして行為者、とくに自分自身「私」を、日本語の文面に出すことを普段ほとんどしません。

英文を発想するときは「〜する (他動詞)」型思考にチャンネルを切り替えましょう。「宿題が終わる」でなく「(私が) 宿題を終える」と他動詞で考えるのです。自分が行為者なら文頭に主語のIを立てます。

主語なし「自動詞」文の日本語の発想を、主語がある「他動詞」文に変換することで、英語らしさを手に入れてください。

ポイント4 英語では「私＝I」を特別扱いしない

日本語は語り手の「私」がカメラを片手に撮影する言語ですから、通常「私」は登場しません。時に映り込む場合があっても、ほかの登場人物とは異なる存在となります。日本語は「私」を特別扱いしている言語なのです。

例えばLesson 29で取り上げた「(～して) くれる」や、Lesson 48の願望の「(～し) たい／(～が) ほしい」は「私」専用の表現です。

ものを与える日本語は「あげる」(受け取るのは私以外) と「くれる」(受け取るのは私) があって、受け取るのが「私」かどうかで使い分けが必要です。

しかし英語は違います。「私」を特別扱いしません。英語の「授受表現」のうち「授」はもらう人が誰であろうと、常にgiveで表現できます。

Lesson 29では以下のような英語の「授」ける表現を学びました。

I gave my father a camera.
父にカメラをあげました。
My father gave me a camera. 〈ク1-125'〉
父がカメラをくれました。

英語のgiveは、誰から誰への「授」にも使えて、たいへん便利です。かたや日本語の「授」は、受け取る側が「私」の場合、「あげる」は使えず、「くれる」を選びます。「私」を特別扱いする日本語の一面が見られる事例です。

終章

願望・希望を表現する want も、日本語は他者と「私」を区別して別の表現を用います。

「たい／ほしい」は私だけが使える表現なのです。

以下は願望・希望を表現した例文ですが、英文では動詞は主語に関係なくすべて want を使っています。しかし日本語では「私」とそれ以外の人とで動詞が変わります。

1　I want to play the piano.
ピアノが弾きたいです。

2　She wants to play the piano.
彼女はピアノを弾きたがっています。

3　I want her to play the piano.
彼女にピアノを弾いてほしいです。

4　She wants me to play the piano.
彼女は私にピアノを弾かせたがっています。

日本語は、第三者が主語の願望では「たがる」を用い（例文 2、例文 4）、話し手（私）が主語の場合は「たい／ほしい」を使います（例文 1、例文 3）。

「たい／ほしい」は「私」専用ですから、「私」の願望・希望であることは自明です。このため文面に「私」は顔を出しません。

私達は日本語で話すとき、自分＝「私」だけ特別扱いしているとは夢にも思っていません。しかし英語と比べてみると、「私」を特別扱いする日本語の表現があることに気づきます。

英語で表現する時には「私」を特別扱いする日本語の表現法から離れ、「私」もその他の人物も同じように客観的に描写することを心がけましょう。

ポイント5 遠回しな気づかいより、ストレートな思いやり

英語の表現は日本語からすると非常に直接的です。逆にいうと日本語はワンクッションいれた間接的な表現を好むともいえます。

こうした表現の違いは希望・願望に関する表現では顕著に現れます。

例えば日本語では面と向かった相手に対して、「～したいか」と願望を直接的に問うようなことは、ふだん私達はしません。相手の心の内に裸足で上がり込むようで気が引けます。しかし英語では相手に願望をダイレクトに尋ねることもまったく問題ありません。

Lesson 49で取り上げた例文です。

A **What are you going to talk about?**

B **Urashima Koichi. He took a lot of beautiful photos.**

A **Do you want to show me some of them?**

B **Yes.** 〈ワ2-072〉

A 何について話す予定ですか。
B 浦島甲一です。(彼は) 美しい写真をたくさん撮りました。
A (それらの) 何枚か私に見せてくれますか。
B はい。

生徒Bが写真家「浦島甲一」について発表すると聞いた先生Aは “Do you want ...?” と尋ねます。逐語訳すると「アナタはワタシに写真を何枚か見せたいですか」となります。日本語の感覚からするとかなり直接的な物言いです。

同じ状況で日本人同士がやりとりする場合「アナタが見せたい」で

あろう気持ちを察して、逆に「ワタシが見たい⇒見せてください」と、相手の願望を、自分の希望にすり替えて尋ねるでしょう。これが日本語流の配慮というものです。

英語流の配慮は異なります。日本語だと「アナタは〜したいですか」はあまりに直接的すぎる不躾な言い方ですが、逆に英語の Do you want to〜？は親しい相手に配慮した表現とみることができます。

英語は「私」も「あなた」も「彼女」も、分け隔てなく want(s) を用いて願望を表明します。誰の心情も特別扱いしないのであれば「あなた」の心の内をズバリ尋ねても失礼には当たらない、いや、むしろそうすることが「あなた」の気持ちを思いやることだ、というのが英語流の配慮です。

親しい相手の希望はストレートに尋ねる、そういう思いやりもあるのだなと Do you want to〜？は感じさせてくれます。

ポイント⑥ 日本語にない区別を英語で言い分ける

日本語では同じ言葉で言い表すことを、英語では別の表現で言い分ける場合があります。

たとえば第３章１節の「さらにひとこと！」に登場した「〜ている／〜でいる」に対応する英語表現です。

A fly is flying.
ハエが飛んでいる。

An ant is dead.
アリが死んでいる。

日本語では同じ「～でいる」で表現していることが、英語では異なる文型になっていますね。ふだん日本語で同じ表現ですんだものを、英語では区別するとなると面倒な気もしますが、モノは考えようです。日本語で言い分けられないことを、英語だと言い分けられる、と前向きに捉えましょう。

次の例文（Lesson 20）の英文の下線部は普通に訳すと、どちらも「働いている」になって区別がつきません。

She works at a hospital in Osaka.
彼女は大阪の病院に常勤している。
He is working for the Thai branch.
彼はタイ支店に一時出張している。

work の現在形は習慣的なことや継続的な状態・動作を示し、現在進行形は短期間の動作を示します。そうした英語の意図を汲み取って訳すと、上のような説明調の日本語になりますが、なかなか英語のようにスッキリ表現できません。

もちろん逆の事例もあります。日本語で簡単に言い分けられる区別が、英語にすると消えてしまう場合です。例えば第5章3節「さらにひとこと！」で取り上げた You can see birds. は「鳥が見えます」「鳥が見られます」の2通りに訳し分けられます。

日本語にも英語にも、それぞれ得意分野と不得意分野がある、という結論に落ち着きますが、英語は「時間の切り取り方」について日本語よりも細かく区別した表現が多いようです。

ポイント7 「ことば」に縛られないために「ことば」を学ぶ

日本語にある「鳥が見えます」と「鳥が見られます」の区別を、英語でしなくていいのは、学習上楽なことです。この逆、つまり日ごろ日本語でしない区別を、英語で区別する細分化の作業は労力を要します。

細分化の反対つまり、統合化して「区別しない」練習は楽なはずですが、必ずしもそうでなかったりもします。たとえば授受表現などは、「あげる」と「くれる」の両方に give を使い回すのが案外むずかしいのです。

Lesson 29 で学んだ「授受表現」を例に取ると英語は、(1)「授」=「授ける」に当たる give と、(2)「受」=「受ける」に当たる get (あるいは receive) さえ心得ていればよく、非常にシンプルです。

日本語の「授」の表現は受け取るのが私なら「くれる」、私以外なら「あげる」と、受け取る人によって用いる動詞が変わります。しかし英語ではこういう区別をしません。

ですから、英語は簡単なはずなのですが、ついつい日本語表現に影響を受けてしまうことがあるのです。

日本語の表現にじゃまされて、本来はシンプルな give と get を、わざわざ難しく考えてしまうのです。

自分で自分を縛ることを、禅で「無縄自縛」というそうです。ムジョージバクは耳で聞くと何のことだか分かりませんが、漢字を見ると「あ、そうか」と我が身に思い当たるものを感じます。本当はもっと自由に生きられるはずなのに、自分で世界を狭めている、そういう自己拘束を「無縄自縛」というのだそうです。

個人を離れて日本人（日本語話者）に目を広げてみると、私達は日本語という枠組みに縛られて生きているのが実情です。英語が駆使できれば、得られる情報量が格段に増えます。日本語しか知らなければ、その限られた範囲・可能性の中で生きていくしかありません。英語を学ぶことで世界を広げることができます。

ことばの壁を越えて行動範囲を広げるという物理面・実用上の効用はもちろんのこと、英語をはじめとした外国語の学習は、ものの見方を広げ、考え方を柔軟にしてくれる効果も大いに期待できます。読者のみなさんは、今、日本語の文章を目で追い、日本語で考えています。無意識のうちに日本語で世界を見ていることになります。それは英語話者の見ている世界とは異質のものかもしれません。

外国語を学ぶとは、日本語と異なる表現方法との出会いを意味します。同じ世界を、いつもと違う視点から眺めて、普段とは別の描写をしてみることが、外国語を学んでいく過程で求められます。知らず知らずのうちに自分を縛っている「ことば」の存在に気づき、自分を「ことば」の制約から解き放つこと、それが外国語を学びながら日本語を見つめ直す意義ではないかと思います。

あとがき

ひとのフンドシで相撲を取っている、とこの本を書きながらずっと思っていました。理由は２つあります。

この本の内容は、英語に関する限り、中学教科書の受け売りです。例文も大半を教科書から引用しました。この本が、ひとのフンドシである第１の理由がこれです。

この本に書いてあることは、ほぼすべて教科書に載っています。中学生向けの教科書を、大人向けの読み物として抜粋・改編し、日本語に関する説明を充実させたのが本書です。この本の内容に興味を持ち、英語学習への意欲を再燃させた方は、ぜひ中学の英語教科書で本格的な学び直しに取り組んでください。

この本に限らず書籍は、著者ひとりで作るものではありません。本書の場合、企画から完成に至るまで、次の４人の方が大きく関わっています。元アルク取締役の新城宏治氏、アルク出版編集部の菊地田孝子氏、同じく木名瀬寿氏、フリーの編集者の原智子氏の皆さんです。

英語が嫌いになったり、苦手意識を生んだりする背景には、日本人の日本語知らずが原因としてあるのではないか、との思いから本書の企画を立てたのは、アルク出版編集部の木名瀬氏でした。そもそもこの本は、木名瀬氏の着想から生まれたものです。著者の松本はそのアイデアを借りて、中学の教科書をネタに、草稿をまとめました。木名瀬氏と相談し助言・示唆を得ては内容を練り直し、改稿を重ねました。

ひとことで表現すれば、私はこの本を思う存分に楽しみました。ネタ集めにと思って数十年ぶりに開いた今どきの中学教科書は、新鮮な驚きに満ちていて衝撃的ですらありました。この本にたずさわらなければ、中学英語の教科書を手にすることなど、おそらくなかったに違いありません。ページをめくるごとに新たな発見がありました。同じ感動体験をぜひ多くの方に味わっていただきたいと思い、この本をまとめました。

この本では日本人にとっての英語の急所を重点的に取り上げました。英語を学ぶコツが見えてきたのではないかと思います。あとはいろいろな英語に広く触れて、英語の感覚に身を慣らすことが肝心です。その第一歩にお勧めしたいのが、中学の検定教科書です。だまされたと思って、令和の教科書を手に取ってみてください。そこには思いもかけない世界があなたを待っているはずです。

松本 隆（まつもと・たかし）

アメリカ・カナダ大学連合日本研究センター（北米の主要な大学が共同で運営する機関、横浜みなとみらい地区にある）で30年間にわたり日本語教育に従事。
その前は高校の英語教師など。今は清泉女子大学などで日本語教師養成にたずさわる。
日本人向けの読み物に『韓国語から見えてくる日本語：韓流日本語鍛錬法』（スリーエーネットワーク）、『日本語教師必携ハート＆テクニック』（アルク）、『この言葉、外国人にどう説明する？』（アスク出版）など、また外国人向けの学習書に『合格できる日本語能力試験N4・5』（アルク）、『わかる！話せる！日本語会話基本文型88』（Jリサーチ出版）などがある。

なぜ、英語では「虹は出ない」のか？

～日本語と英語の対比から読み解く英文法～

発行日	2020年11月27日（初版）
著者	松本 隆
編集	原 智子／英語出版編集部
英文校正	Peter Branscombe
デザイン	早坂美香（SHURIKEN Graphic）
表紙イラスト	川原瑞丸
DTP	株式会社 創樹
印刷・製本	図書印刷株式会社
発行人	天野智之
発行所	株式会社アルク 〒102-0073 東京都千代田区九段北4-2-6　市ヶ谷ビル Website：https://www.alc.co.jp/

製品サポート：http://www.alc.co.jp/usersupport/

落丁本、乱丁本は弊社にてお取り替えいたしております。
Webお問い合わせフォームにてご連絡ください。
https://www.alc.co.jp/inquiry/

地球人ネットワークを創る
アルクのシンボル
「地球人マーク」です。

Printed in Japan PC: 7020073 ISBN: 978-4-7574-3657-2